Lapide · Wie liebt man seine Feinde?

Pinchas Lapide

WIE LIEBT MAN
SEINE FEINDE?

*Mit einer Neuübersetzung der
Bergpredigt (Mt 5–7) unter Berücksichtigung
der rabbinischen Lehrmethoden und der
jüdischen Muttersprache Jesu*

Matthias-Grünewald-Verlag · Mainz

CIP-Kurztitelaufnahme der Deutschen Bibliothek

Lapide, Pinchas:
Wie liebt man seine Feinde? / Pinchas Lapide. —
4. Auflage 1986.
Mainz : Matthias-Grünewald-Verlag, 1986.
  ISBN 3-7867-1098-8

© 1984 Matthias-Grünewald-Verlag, Mainz
Umschlag: Peter Offenberg Grafik
Gesamtherstellung: Druckhaus Darmstadt

Inhalt

Wie liebt man seine Feinde? 7

Die Bergpredigt und ihre (Fehl-)Deutungen 9

Die Lehre Jesu: Ernstnehmen Gottes und der
Menschen 12

Gegen den griechischen Strich gebürstet:
die Berglehre 14

Die Feindesliebe 17

Zwei Arten der Liebe 21

Zwei Arten von Feind 23

Eine Parallele: die zwei Meilen 25

Gottes einseitige Vorleistung 27

Werdet Gottes Söhne! 30

Friedensstiftung biblisch 31

Entfeindungsliebe 33

Die Doppelliebe 35

Gut sein alleine genügt nicht 39

Ist der Mensch von Grund auf böse? 47

Zwei Götter? 52

Widerstand – ja oder nein? 57

Die Fülle der Vernunft 69

Der Lauf der Welt – nach der Sintflut und vor der
Ankunft des Messias 77

Friede ist möglich 74

Die Berglehre
Neuübersetzung von Mt 5–7 unter Berücksichtigung der rabbinischen Lehrmethoden und der jüdischen Muttersprache Jesu 77

WIE LIEBT MAN SEINE FEINDE?

„Ihr werdet von Kriegen hören,
und Gerüchte über Kriege
werden euch beunruhigen.
Seht zu, laßt euch nicht erschrecken!"

(Matthäusevangelium 24,6)

Die Bergpredigt
und ihre (Fehl-)Deutungen

Einer der schönsten Abschnitte im Neuen Testament ist zweifelsohne die sogenannte Bergpredigt, die mit Recht zu den Meisterwerken der Weltliteratur gehört.

Das Malheur dabei ist nur, daß sie ihren Lesern einen Weltrekord an Moralität zumutet, der, ehrlich gesagt, den Durchschnittsmenschen bei weitem überfordert: „Jeder, der eine Frau begehrlich ansieht, hat schon im Herzen Ehebruch begangen." So heißt es ganz unzweideutig. Wer weiß schon, daß im Hebräischen hier eine verheiratete Frau gemeint ist, die zu Jesu Zeiten als solche schon von weitem durch ihre Haartracht und Haube erkennbar war?

„Wer seinen Bruder einen Dummkopf nennt, der ist der Hölle verfallen." (Das sollte man in goldenen Lettern auf dem Portal des Bundestages einmeißeln!)

„Wenn jemand dich auf deine rechte Backe schlägt, dem biete auch die andere dar!" So heißt es gleich danach, und zu guter Letzt steht dann noch geschrieben: „Liebe deine Feinde und betet für die, die euch verfolgen!"

Alles schön und gut, so seufzt nun jeder redliche Leser, aber das ist doch für Heilige zugeschnitten, nicht für arme Schlucker wie unsereinen. Da aber Jesus, der Menschenkenner, sicherlich wußte, daß nur sehr wenige imstande sind, seinen Aufrufen Folge zu leisten, fragten sich schon die frühen Kirchenväter, was er wohl mit dieser

Rede beabsichtigt habe – ohne jemals eine einstimmige Antwort zu erreichen.

Auch in der heutigen Friedensdebatte scheint man dem Gegner gern die Bergpredigt wie einen Knüppel um die Ohren zu schlagen – ohne darüber nachzudenken, was sie uns *heute* zu sagen hat.

Doch auch die Sachkundigen, die es hätten besser wissen sollen, sind häufig zu seltsamen Schlußfolgerungen gekommen.

So sagt zum Beispiel Martin Luther, die Bergpredigt gehöre nicht aufs Rathaus, denn mit ihr lasse sich nicht regieren. Bismarck ging einen Schritt weiter, indem er behauptete, die Bergpredigt sei nur für das persönliche Leben einzelner gedacht, nicht aber für das öffentliche Leben – von der Politik ganz zu schweigen.

Karl Barth ist sogar der Meinung, ,,daß ein Bild christlichen Lebens aus dieser Bergpredigt zusammenzusetzen sich noch immer als eine Unmöglichkeit erwiesen hat''. Und kurz darauf spricht er vom ,,hellen Wahnsinn, die Imperative der Bergpredigt dahin zu verstehen, daß wir uns bemühen sollen, diese *Bilder* zu verwirklichen.''

Gegenteiliger Meinung war sein Landsmann Leonhard Ragaz, der seine Auslegung der Bergpredigt anno 1945 mit folgenden Worten begann: ,,Die Bergpredigt wird wieder hervortreten. Immer stärker, immer stürmischer.''

Heute beginnt diese Prophezeiung des Schweizer Theologen in Erfüllung zu gehen – Hand in Hand mit den vier hauptsächlichen Fehldeutungen, die sie noch immer unentwegt begleiten.

Die erste kann man die *Sucht nach Vollkommenheit* nennen. Sie sieht in der Bergpredigt eine Liste von Superangeboten, die klipp und klar sagen: Dies alles mußt du tun, damit du selig wirst. Billiger ist die Seligkeit eben nicht zu haben.

Die zweite ist die *Theorie der Unerfüllbarkeit,* die davon ausgeht, daß alle diese Forderungen eigentlich übermenschlich sind und nur den Zweck haben, uns unsere Unzulänglichkeit einzubleuen: All dies solltest du tun, du jämmerlicher Schwächling, aber du kannst es ja nicht, wie du selber am besten weißt. Also bedarfst du der Gnadenliebe Gottes für alles, was du unternimmst.

Die dritte Theorie kann man als *Torschlußpanik* bezeichnen. Sie sieht in der Bergpredigt einen Aufruf zur äußersten Anstrengung, bevor die Katastrophe des Jüngsten Gerichts anbricht: Nun reiß' dich doch ein letztes Mal zusammen, du armer Teufel, bevor es zu spät ist, so stehe da zwischen den Zeilen, denn Gottes Gnadenfrist läuft ja vielleicht schon morgen ab.

Die vierte Deutung vergleicht die Imperative der Bergpredigt mit der nüchternen Realpolitik der letzten fünftausend Jahre Weltgeschichte und kommt – mit einem hörbaren Seufzer der Erleichterung – zum Schluß, daß sie auf einer moralischen Schwärmerei beruhe, die man getrost als *Utopie* abschreiben kann; Utopie im wörtlichen Sinne dieses Begriffes, als etwas ohne Standort, also nicht von dieser Welt: als heimatlos auf unserer Erde und daher völlig belanglos für die Politik.

Die Lehre Jesu:
Ernstnehmen Gottes und der Menschen

Mir scheinen diese Deutungen verfehlt, denn sie berücksichtigen die beiden Grundzüge der jesuanischen Lehre nicht, die wie ein Doppelfaden sein gesamtes Glaubensgut durchlaufen: das vollkommene Ernstnehmen Gottes, das ihn mit heiliger Ungeduld für alle Halbheiten und faulen Kompromisse erfüllt, und sein Glaube an die Fähigkeit des Menschen, sich selbst und seine Umwelt zu verbessern, um die Würde der göttlichen Ebenbildlichkeit im Schweiße seiner Seele zu verdienen.

Daher geht Jesus aufs Ganze und versteigt sich zur einsamen Spitze, die völlig unerreichbar scheint. Aber ist es nicht vielleicht das menschlichste all unseres Tuns, das Unerreichbare anzustreben? Es ist sicherlich das Herzstück des Judentums. Denn dieses kleine Volk von unverbesserlichen Optimisten*, zu denen ja auch der Bergpre-

---

* Eigentlich sind die meisten Juden nur realistische *Melioristen*, die eine Verbesserung der Welt und der Menschheit erstreben. „Optimisten" im wörtlichen Sinne einer fast utopischen Hoffnung auf irdische Bestwerte gibt es nur wenige. Ebenso selten sind jüdische „Pessimisten", die das Ärgste erwarten; „*Pejoristen*" hingegen wäre mein Vorschlag, diejenigen zu benennen, die stets mit einer Verschlechterung rechnen.

diger gehört, hat sich aus der schmerzlichen Erfahrung der ewigen Kluft zwischen Idealität und Realität immer wieder zu geistigen Wagnissen hinreißen lassen, die so manche Utopie auf Erden angesiedelt hat.

Ist denn nicht der gesamte Fortschritt der Menschheit eine lange Reihe von verwirklichten Träumereien? Kann es Zukunft ohne Zuversicht geben? Sicherlich hat es nicht an Enttäuschungen und Fehlschlägen gefehlt. Aber allem Scheitern zum Trotz bleibt die tatkräftige Hoffnung die jüdischste aller Regungen: der unstillbare Drang, den Traum von gestern zur morgigen Wirklichkeit zu machen. Uns scheint es ein fadenscheiniger Pseudorealismus zu sein, der alle Gegebenheiten als endgültig und unveränderlich akzeptiert. Echter Realismus hingegen ist die heilsame Ungeduld, die durch diese Bergpredigt braust und stürmt und sich standhaft weigert, das Heute gutzuheißen oder irgend einen Status quo heilig zu sprechen. Im brennenden Bewußtsein der Mangelhaftigkeit aller Menschenwerke ergeht hier der Aufruf zur Weltverbesserung, zur Selbstüberwindung und zur Eroberung der verheißenen Zukunft, die das Ziel der ganzen Bibel ist und bleibt.

Ja, aber was hat ein Jude mit der Bergpredigt zu tun? So könnte der Leser nun mit Recht fragen. Zwei christliche Aussagen sollen an meiner Statt die Antwort liefern. Die jüngste Erklärung der deutschen Bischöfe vom 28. April 1980 zum Verhältnis der Kirche zum Judentum ist ein Dokument von 30 Seiten, das mit folgendem lapidarem Satz beginnt: „Wer Jesus Christus begegnet, begegnet dem Judentum." Diesen Spruch hat sich auch der Papst öffentlich zu eigen gemacht, als er im November 1980 in Mainz zu einer Delegation von Juden sprach.

Wohl gemerkt – es heißt nicht: Er begegnet einem Teiljudentum, einem Scheinjudentum, einem Elitejudentum oder gar einem Rumpfjudentum, sondern es heißt ganz kurz und bündig: ,,Wer Jesus begegnet, (der) begegnet *dem* Judentum."

Jahrhunderte zuvor hatte Martin Luther in seinen Tischreden gesagt: ,,Wenn ich jünger wär, würde ich die ebräische Sprach erlernen, denn ohne sie kann man die Heilige Schrift nimmermehr recht verstehn. Denn das Neue Testament, obs wohl griechisch geschrieben ist, doch ist es voll von Ebraismis und ebräischer Art zu reden. Darum haben sie recht gesagt: Die Ebräer trinken aus dem Bornquell; die Griechen aus den Wässerlin, die aus der Quelle fließen – die Lateiner aber aus den Pfützen."

Gegen den griechischen Strich gebürstet: die Berglehre

Wir wollen sowohl die katholischen Bischöfe als auch Martin Luther beim Wort nehmen, um diese Bergpredigt einmal gegen den griechischen Strich zu bürsten, um zurück zu gelangen zu jener Urfassung in Jesu jüdischer Muttersprache, in der diese Rede, so oder in einer ähnlichen Form, ursprünglich gehalten und dann auch festgehalten worden ist, ehe sie in die Hände der Griechen fiel. Die Aufgabe, der wir uns stellen müssen, ist also vorerst sprachlicher Natur: Es gilt, jesuanischen Weizen von hellenistischer Spreu zu trennen; anders gesagt: die Redaktion des Matthäus von der Tradition der Apostel abzuschälen, um dem Wortlaut Jesu so nahe zu kommen, wie es nur menschenmöglich ist.

Ich gehe dabei von der Voraussetzung aus, daß es sich bei diesen drei Kapiteln im Matthäusevangelium nicht um irgend eine „Bergpredigt" handelt, sondern um das Herzstück von Jesu Lehre. Denn so steht es ja dreimal im Text. Am Anfang heißt es: „Als er sich gesetzt hatte, traten seine Jünger zu ihm, und er öffnete seinen Mund und *lehrte* sie" (Mt 5,1–2). Und am Ende lesen wir: „Als Jesus diese Worte beendet hatte, waren die Volksscharen ganz betroffen über seine *Lehre.* Denn er *lehrte* sie wie einer, der Macht hat, und nicht wie die Schriftgelehrten" (Mt 7,28–29).

Von Predigt ist hier nirgends die Rede. Es geht also weder um endzeitliche Voraussagen noch um unerreichbare Idealziele, sondern um etwas menschlich Machbares, wie Jesus selbst es ja auch zum Schluß betont: „Jeder, der diese meine Rede hört und sie *befolgt,* gleicht einem klugen Mann, der sein Haus auf Felsen baut ..., doch jeder, der diese meine Worte hört und sie nicht befolgt, gleicht einem törichten Mann, der sein Haus auf den Sand gebaut hat" (Mt 7,24–26).

Es ist also keine Wortklauberei, wenn ich mich weigere, diese Mitte der Botschaft Jesu als eine zu nichts verpflichtende „Bergpredigt" abzutun, sondern sie in seinem Sinne zur *Berglehre* erheben will, die das Wesentliche seiner

Ethik umfaßt. Sicherlich will Jesus kein Parteiprogramm entwerfen, auch keine neue Außenpolitik, wohl aber die Richtschnur für eine Real-Utopie des Kleinfriedens, der von unten her, über den Lernfrieden und den Innenfrieden zum Völkerfrieden heranwachsen könnte. Kurzum, es geht um den Wegweiser für das wache Gewissen aller Zeiten, das an die mögliche Vermenschlichung der Adamskinder glaubt.

Eine jüdische Lesung dieser Berglehre ergibt daher eine andere Deutung, die man als das Friedensprogramm eines real denkenden Idealisten bezeichnen kann: Was noch nicht ist, das muß zuerst „heraufgeträumt" werden, so sagt der Nazarener zwischen den Zeilen, wenn ich ihn richtig lese, aber durchgeführt sollte es werden mittels pragmatisch machbarer Methoden, die keinen nüchtern denkenden Menschen als Mitarbeiter Gottes überfordern. Denn letzten Endes geht es hier ja um die Einladung in das werdende Reich Gottes, die nicht erzwungen, sondern errungen werden will – nicht schlagartig, nicht über Nacht, sondern Schritt für sorgfältigen Schritt. Das gilt im Grunde für alle Forderungen dieser Berglehre, die sowohl die Genialität ihres Verfassers als auch die konsequente Auslegung seiner hebräischen Bibel bezeugen.

Der Kürze zuliebe wollen wir uns auf die Kernpassage zu Ende des fünften Kapitels bei Matthäus beschränken.

Die Feindesliebe

Es geht vor allem um jene Spitzenaussage jesuanischer Ethik, die als die *Feindesliebe* weltberühmt geworden ist. Hier heißt es:

„Ihr habt gehört, daß gesagt ist: Liebe deinen Nächsten und hasse deinen Feind! Ich aber sage euch: Liebet eure Feinde und betet für die, die euch verfolgen, damit ihr Söhne eures Vaters im Himmel werdet" (Mt 5,43 ff).

Nehmen wir diesen Absatz einmal unter eine jüdische Lupe. Der erste Teil enthält eine Satzung aus dem Dritten Buche Moses: „Liebe deinen Nächsten wie dich selbst", die Jesus auch als „das vornehmste" oder „das erste Gebot" betont (Mk 12,29 ff) – gefolgt von einer Unwahrheit, die unmöglich von Jesus selbst stammen kann, nämlich: „Hasse deinen Feind!"

Auch die katholische „Jerusalemer Bibel" muß im Zusammenhang mit diesem angeblich gebotenen Feindeshaß zugeben: „Der zweite Teil dieses Gebotes steht … nicht im Alten Gesetz, kann hierin auch nicht stehen" (Freiburg 1968, S. 21). Noch klarer ist Ethelbert Stauffer, der evangelische Theologe, der dank seiner berüchtigten „Entjudung" Jesu und seiner aktiven Mitgliedschaft in der Nazipartei über jeden Verdacht des Philosemitismus erhaben ist. Auch er bezeugt: „Mit Recht hat die Synagoge seit jeher gegen Mt 5,43 protestiert. Es gibt kein Gesetz, das den Feindeshaß vorschreibt, weder im Alten Testament noch in der rabbinischen Literatur" (Die Botschaft Jesu damals und heute, Bern 1959, S. 126).

Etliche Theologen weisen darauf hin, daß im Sektenkanon der Gemeinde von Qumran (I QS) geboten wird, „alle Söhne der Finsternis zu hassen, jeden nach seiner Verschuldung". In einem ähnlichen Sinne heißt es im Psalter:

„Sollte ich nicht hassen, Herr, die dich hassen, und verabscheuen, die sich gegen dich erheben? Ich hasse sie mit ganzem Ernst; sie sind mir zu Feinden geworden" (Psalm 139,21–22).

Im ersten Fall ist jedoch die Rede von „den Söhnen der Finsternis"; im zweiten Fall von den „Feinden Gottes", womit im allgemeinen Götzendiener, Abtrünnige und Gotteslästerer gemeint sind. Was die Sekte vom Toten Meer betrifft, darf vorausgesetzt werden, daß sie zu Jesu Zeiten zu jung, zu fern und zu klein war, um in Galiläa als Norm – oder als Antinorm – bekannt gewesen zu sein. Doch Jesu Spruch beginnt mit den Worten „Ihr habt gehört, daß gesagt worden ist", was im allgemeinen als Einleitungsformel einer Bibelstelle dient, die dann weder verkürzt noch sinnentstellend zitiert werden darf. Jesu Toratreue (vgl. Mt 5,17–19) legt es daher nahe, daß er das Schlüsselgebot aus Lev 19,18 unverkürzt gebracht hat: „Liebe deinen Nächsten wie dich selbst; ich bin der Herr." Während der Einschub „Hasse deinen Feind" ganz aus dem Zusammenhang fällt, gibt das (von Matthäus ausgelassene) Schlußwort „ich bin der Herr" erst den richtigen Auftakt zur Ausdehnung der Nächstenliebe auch auf den Feind, „auf daß ihr Söhne eures Vaters im Himmel werdet" – was besagen will: würdige Nachahmer eures Schöpfers, der euch eben diese schrankenlose Zuneigung zu all seinen Geschöpfen alltäglich vorliebt.

Und in der Tat: In der lukanischen Parallele zur „Bergpredigt", der sogenannten „Feldrede", fehlt der Zusatz „hasse deinen Feind". Statt dessen steht dort gleich zweimal der Aufruf zur Feindesliebe (Lk 6,27 und 6,35) als Aufforderung, „denen Gutes zu tun, die euch hassen".

Der Abschluß des Lev-Zitats, „ich bin der Herr", den Matthäus – nicht Jesus – weggelassen hat, ist keineswegs ein belangloser Zusatz, sondern verleiht der Satzung ihre theologische Dimension. Damit die Nächstenliebe nicht in rein zwischenmenschliche Nutznießerei, in eine gottlose Genossenschaft von ungläubigen, aber weitsichtigen Egoisten ausarte, bedurfte es des Hinweises auf Gott. Denn nur unter seiner gemeinsamen Vaterschaft gewinnt die Nächstenliebe als Bruderschaft von Mitmenschen ihren vollen Sinn. Nur durch solche Bruderliebe erlangt der Zweifüßler den Adel des wahren Menschentums und heiligt dadurch den Geber allen Lebens.

Das Gegenteil des Feindeshasses liegt dem Judentum viel näher: „Wenn dein Feind zu Fall kommt, freue dich nicht, und wenn er stürzt, frohlocke nicht dein Herz!" So heißt es bereits ein halbes Jahrtausend vor Jesus in der Spruchweisheit Salomos (Spr 24,17). Und gleich auf der nächsten Seite lesen wir: „Wenn dein Feind hungert, so speise ihn mit Brot. Wenn er dürstet, so tränke ihn mit Wasser" (Spr 25,21).

Im Testament Gad 6 aus dem ersten vorchristlichen Jahrhundert lesen wir: „Sage nicht: Die mich lieben, liebe ich, und die mich hassen, hasse ich; sondern liebe alle! Denn wer seinen Nächsten haßt, der gehört zu denen, die Blut vergießen."

Und ein berühmter Torameister lehrte seine Jünger zu Jesu Zeiten, im Anschluß an das Nachtgebet zu bitten: „Vergebung sei einem jeden gewährt, der mir heute Leid oder Unrecht angetan hat."

Über die Praxis dieser Einstellung berichtet Josephus Flavius, ein Veteran der Kriege gegen Rom im 1. Jahrhundert: „Auch den besiegten Feind haben wir mit Güte behandelt."

Dem Auftrag Jesu am nächsten kam wohl sein Lehrkollege Rabbi Nathan, der die Frage stellt: „Wer ist der Mächtigste im ganzen Land?" Die Antwort: „Wer die Liebe seines Feindes gewinnt."

Schadenfreude, Feindeshaß und Vergeltung des Bösen mit Bösem sind im Judentum ausdrücklich verboten, während Großmut und Liebesdienste für den Feind in der Not geboten werden – aber „Feindesliebe" als moralisches Prinzip scheint doch alles normale Menschentum zu überschreiten.

Mit Recht stellt daher Leonhard Ragaz die Frage nach der Erfüllbarkeit: „Ist das nicht zuviel verlangt? Kann man das halten? Kann man diejenigen lieben, die uns hassen und Böses antun? Ist das nicht eine moralische Illusion?" (Die Bergpredigt Jesu, [3]1979, S. 92).

Zwei Arten der Liebe

Die Antwort auf diese berechtigten Fragen, die erst bei der Rückübersetzung ins Hebräische zutage tritt, besagt klipp und klar: Hier wird weder Sympathie für Feinde noch Sentimentalität gefordert und schon gar nicht eine Selbstpreisgabe an den Feind, denn weder Gefühle noch das Martyrium können befohlen werden – wohl aber „das Tun", das häufigste Zeitwort im jesuanischen Sprachschatz.

Und in der Tat, im Gebot der Nächstenliebe (Lev 19, 18) steht nicht: „Liebe deinen Nächsten" im Akkusativ, sondern im Dativus Ethicus, eine Wortfolge, die sich nicht verdeutschen läßt. Worum geht es hier?

In der Muttersprache Jesu gibt es nämlich zwei Arten zu lieben: „Du sollst den Herrn deinen Gott lieben mit ganzem Herzen und aller Seele und all deiner Macht" (Dtn 6,4). So heißt es im Credo des Judentums, zu dem auch Jesus sich bekennt (Mk 12,28 ff). Hier ist Gott sozusagen der Gegenstand unserer Liebe: der Herr, der uns geschaffen hat und unsere ganze Liebe will, mit allen Fasern unseres Wesens. Grammatikalisch kommt das mit dem Akkusativ, dem vierten Fall, zum Ausdruck.

Anders ist die Liebe von Mensch zu Mitmensch, wo keine Gefühle befohlen werden, auch nicht die totale Selbsthingabe, wohl aber Liebestaten, die dem Nächsten helfen, sein Menschsein voller zu entfalten: eine Liebe der Augen, die unverzüglich die Not des Bruders wahrnehmen; eine Liebe der Füße, die schnurstracks zu ihm hineilen, um zu helfen; und eine Liebe der Hände, die flinken Beistand leisten, wo es des Dienstes bedarf.

Diese *Tatenliebe* kommt im Hebräischen mittels des Dativus Ethicus zum Ausdruck, der auf Deutsch nicht übersetzt und nur hinkend umschrieben werden kann. Etwa: Erweise ihm Liebe durch Handwerk, nicht durch Mundwerk; wende dich ihm liebend zu; oder: Tu ihm Liebe an! oder noch besser: Leb ihm zuliebe, nicht zuleid! Nicht eine Herzensregung oder emotionelles Empfinden werden befohlen – was so gut wie unmöglich ist –, schon gar nicht fadenscheinige Liebeserklärungen, denen kein Gegner Gehör, geschweige denn Glauben schenken würde, sondern um praktische Liebeserweise geht es hier, wie etwa der Verzicht auf ein Stück des eigenen Rechts, das Ernstnehmen des anderen als Bruder – wenn auch streitbaren Bruder – unter Gott, Krankenbesuche, das heimliche Geben von Almosen, das Trösten der Trauernden, Brot für die Hungernden – mit einem Wort: all die tausend wirksamen Wohltätigkeiten, die Vertrauen schaffen, Feindseligkeit abbauen und die Liebe fördern. Noch klarer ist dieser Vorrang der Liebestaten vor aller tatenlosen Liebesregung im Bibelvers, der kurz nach der Nächstenliebe gebietet, ,,*dem* Fremdling Liebe anzutun wie sich selbst" (Lev 19,34). Hier von gebotenen Liebesgefühlen zu sprechen, grenzt nicht nur an das seelisch Unmögliche, sondern wäre auch keinem Ausländer im geringsten dienlich.

Was aber taugt die Tatenliebe, wenn sie nicht die echte Herzensliebe beseelt? So fragt mit Recht einer der Rabbinen; und die Antwort: Sobald die wahre Tatenliebe als

Gottes Gebot mit voller Redlichkeit erfüllt wird, schwimmen die Gefühle bald im Kielwasser der Taten nach.

Da Jesus in parallelen Kontrastpaaren zu lehren pflegt, muß daher auch die Steigerung „Liebet eure Feinde!" im ursprünglich semitischen Wortlaut diesen Dativus Ethicus beinhaltet haben, der keineswegs zur platonischen Feindesliebe auffordert, sondern zum versöhnlichen Umgang mit dem Gegner, der einzig und allein seine *Entfeindung* bezweckt.

Zwei Arten von Feind

Das deutet Jesus schon dadurch an, daß er den Gegner nicht einfach „Feind" nennt, sondern „Hasser", wie die Parallelstelle in Lukas 6,27 nahelegt.

Was ist der Unterschied? Gewaltig für die Hellhörigen! Denn die Vokabel „Feind" klingt im Hebräischen, im Griechischen und im Deutschen wie ein vollamtlicher Beruf. So zum Beispiel: Die Deutschen waren fast tausend Jahre lang die Erzfeinde der Franzosen, oder: Die Polen sind seit den drei Teilungen ihrer Heimat die Feinde der Russen. Und so weiter und so fort.

Nicht so der „Hasser". Denn hier geht es um ein hauptwörtlich gebrauchtes Zeitwort, dem, wie allen Zeitwörtern, die Zeitweiligkeit innewohnt. Anders gesagt: Ein Hasser ist ein Mensch, der dich heute haßt und morgen auch noch hassen mag, der dich aber übermorgen keineswegs zu hassen braucht, wenn du nur den Weg zu seinem Herzen findest. Jesu Angebot zielt also darauf ab, daß der Feind aufhört, ein Feind zu sein – was auch im Hinblick auf das Gebet für die eigenen Verfolger gilt, wie eine sinnverwandte Parallele aus dem Talmud bezeugt. Dort heißt es:

,,Einige zügellose Gesellen wohnten in der Nachbarschaft von Rabbi Meir, die ihm arg zusetzten. Rabbi Meir betete gegen sie, auf daß sie stürben. Da sprach seine Frau zu ihm: Was kommt dir in den Sinn?! Etwa weil geschrieben steht: ,Es mögen die Sünder verschwinden!' (Ps 104,35) Steht denn wirklich geschrieben: Sünder? Keineswegs! Denn wir können ja dasselbe Wort auch als ,,Sünden" lesen (wie es die vokallose Orthographie im Hebräischen erlaubt). Außerdem verfolge doch den Vers bis zu Ende! Dort steht: ,Dann wird der Frevler keiner mehr sein.' Sobald also die Sünden verschwinden, wird es auch keine Frevler mehr geben. Bete also *für* sie, damit sie in Reue umkehren! Dann wird der Übeltäter ein Wohltäter werden. Da betete er *für* seine Verfolger um Erbarmen, und in der Tat, sie kehrten in Reue um" (Ber 10a).

Ich muß gestehen, daß die Unterscheidung zwischen dem Übeltäter und dem Übel, das er tut, mir lange wie eine Haarspalterei vorkam. Kann man die Sünde hassen und den Sünder lieben? Das klingt doch wie eine weltfremde Moralpredigt – bis mir eines Tages ein Licht aufging. Ganz unbewußt bin ich nämlich seit Jahren mit jemandem genauso umgegangen, der mir sehr nahesteht. Das war ich selbst. Meine inneren Feinde: die Unentschlossenheit, das häufige Aufbrausen und die Faulheit, waren mir zwar von Herzen zuwider, aber mich selbst hörte ich deshalb keineswegs zu lieben auf. Mehr noch: Meine Selbstliebe war oft der Grund der Abscheu vor meinem Verhalten. Wie oft mußte ich mit Paulus seufzen: ,,Ich tue nicht das Gute, das ich will; vielmehr was ich nicht will, das Böse, das tue ich" (Röm 7,19).

Was tun? Es gab nur ein schmerzliches Rezept: Meine Untugenden und Schwächen zu zähmen, so gut es eben geht, und zugleich Abschied zu nehmen von dem herrlichen Wunschbild, das ich in meiner Phantasie als Selbstporträt entworfen hatte. Saure Arbeit am Ego, schrittweise Annahme des ungeschminkten Ichs und größere Toleranz den eigenen Schwächen gegenüber – dieses Dreigespann führte mich zur ,,Selbst-Entfeindung", die es mir ermöglichte, auch meine Neider, Rivalen und Gegner, denen ich all diese und andere Sünden angelastet hatte, leichter zu ertragen und besser zu verstehen.

Eine Parallele: die zwei Meilen

Daß es Jesus um die Entfeindung durch tatkräftige Versöhnlichkeit geht, keineswegs um schwärmerische Selbstaufgabe, bezeugt der Vers kurz zuvor: ,,Wer dich nötigt, eine Meile weit zu gehen, mit dem gehe zwei" (Mt 5,41). Gemeint war natürlich der berüchtigte Frondienst der Römer, der es jedem Legionär erlaubte, seinen Sack und Pack jedem vorbeigehenden Juden aufzuhalsen, und sei er auch der Vorsitzende des Hohen Rates, um ihn eine Meile lang als Lasttier zu mißbrauen (vgl. Simon von Kyrene, Mk 15,21). Die Straßen waren gut gepflastert, die Meilensteine standen in regelmäßigen Abständen, es gab daher keine Debatte, wie weit und wie lange der Frondienst verpflichtete. Zu Ende dieser Strecke konnte der jüdische Zwangsarbeiter dem römischen Zwingherren sein Gepäck vor die Füße werfen und entfliehen oder schon vorher das Weite suchen, was häufig mit drakonischen Strafen geahndet wurde.

Jesus schlägt eine dritte Handlungsweise vor: den Frondienst nach der Vorschriftsmeile in ein freiwilliges Geleit zu verwandeln, um den erstaunten Römer durch Zuvorkommenheit im besten Sinne des Wortes: *zu entwaffnen.* Alle Wahrscheinlichkeit spricht dafür, daß sich im Laufe der zweiten Meile ein freundschaftliches Gespräch zwischen dem Juden und dem Römer anbahnt, denn, wie schon das Prophetenwort bezeugt, das Jesus sicherlich kannte: ,,Können zwei miteinander wandern, es sei denn, sie werden einig unterwegs?" (Am 3,3).

Ein chassidischer Kommentar zu diesem Amos-Wort besagt: Wenn die beiden – und seien sie noch so zerstritten – nach einer Stunde Weggemeinschaft keine Freundschaft angebahnt haben – und sei sie noch so zaghaft –, dann betrügt zumindest einer von ihnen seine Umwelt. Denn er stolziert daher auf zwei Beinen wie ein echter Träger des göttlichen Ebenbildes, sollte aber auf allen Vieren kriechen, wie es dem lieben Vieh geziemt. Klarer geht es wohl kaum!

Daß das Prinzip der „zweiten Meile" auch in unseren Tagen nichts an Aktualität eingebüßt hat, haben die Herren Nitze und Kvitsinski bewiesen. Es mag nämlich sein, daß jener berühmte „Waldspaziergang", zu dem sich der amerikanische und der russische Chefdelegierte bei der Abrüstungskonferenz in Genf am 16. Juni 1982 aufgerafft haben, aus dem nach endlosen, vergeblichen Sitzungen und Tagungen ein neuer Lösungsvorschlag entstehen konnte, ein Stück von dieser „zweiten Meile" ist.

Jesus fordert also seine Jünger auf, einen freiwilligen Anfang in Form einer einseitigen Vorleistung zu machen, um so den blutigen Teufelskreis von Haß und Gegenhaß, von Gewalt und Gegengewalt zu sprengen, der seit Jahrtausenden die gesamte Weltgeschichte in eine endlose Verkettung von Schlachten und Schlächtereien gebracht hat: Rund vierzehntausend und fünfhundert Kriege in den 5500 Jahren geschriebener Weltgeschichte – 150 davon seit 1945 –, das ist das entsetzliche Fazit menschlicher Unmenschlichkeit!

Gottes einseitige Vorleistung

Gegen diese Verkettung bäumt sich Jesus auf, indem er uns allen ins Gewissen redet: Gott schenkt euch doch tagtäglich einseitige Vorleistungen – in fragloser Erwartung eurer Gegenleistung, so deutet er an. Jeden Morgen, lange bevor ihr aufsteht, läßt er seine Sonne aufgehen, um euer tägliches Brot wachsen zu lassen. Er läßt regnen über

Freunde und Feinde, auf daß die Saat für beide sprießen kann, und Tag für Tag erneuert er seine Schöpfung in ihrer ganzen Fülle für alle zerstrittenen Menschen, Sippen, Städte und Völker – all dies ganz kostenlos und unverdient allein der Hoffnung zuliebe, daß ihr es ihm endlich nachtun möget. Ist das zuviel verlangt?, will Jesus wissen.

Kurzum: Weder „Feindesliebe" noch Machtverzicht, und schon gar nicht Selbstentblößung werden hier verlangt, sondern einzig und allein die vernünftige Förderung einer friedliebenden Aussöhnung.

Versöhnung gedeiht aber nicht unter Wolken von Mißtrauen oder Vorwürfen, sondern nur durch einen Vertrauensvorschuß. Den ersten Schritt zum Gegner hin sollt ihr machen – nicht mehr, aber auch nicht weniger.

Wir halten fest: Drei Züge müssen jede einseitige, dosierte Vorleistung kennzeichnen:

– Sie muß redliche Mühe kosten.
– Sie muß den Gegner von deiner Friedensliebe überzeugen.
– Sie darf zu keiner wesentlichen Schwächung des Vorleisters führen, der ansonsten den zum Angriff verlockenden Eindruck eines (wie Lenin sagt) „nützlichen Idioten" machen könnte.

Derselben besonnenen Denkart entspricht die rabbinische Debatte über die Priorität zwischen zwei Bibelsatzungen, die auch beweist, daß es im Talmud an Humor nicht fehlt. Im Fünften Buch Mose lesen wir: „Wenn du deines Bruders Esel oder Rind unterwegs fallen siehst, so sollst du dich ihrer annehmen und ihnen aufhelfen" (Dtn 22,4).

Im Zweiten Buch Mose aber heißt es: ,,Wenn du den Esel deines Feindes unter seiner Last liegen siehst, so laß ihn ja nicht im Stich, sondern hilf ihm mit deinem Widersacher zusammen auf die Beine" (Ex 23,5).

Was aber soll man tun, so fragen die Talmudmeister, falls der Esel deines Bruders und der Esel deines Feindes ausgerechnet zur gleichen Zeit deine Hilfe benötigen? Diese Frage wurde damals landauf, landab mit Leidenschaft durchdebattiert, denn hier geht es ja nicht um zwei Esel, sondern um ein Stück praktischer Friedensförderung, das in seiner vielfältigen Anwendbarkeit auch heute nichts an Relevanz eingebüßt hat.

Die Antwort, die Jesus vorgeschwebt haben mag, besagt ganz einfach: Zuerst hilf dem Esel deines Widersachers, denn dadurch rettest du ein Tier, du wandelst das Herz eines Hassers, und du gewinnst einen Freund – drei gute Taten auf einen Schlag. Dann erst geh und hilf dem Esel deines Bruders!

In den Worten des Midrasch, der trockene Theorie gerne mit saftigen Gleichnissen belebt, liest sich das so: ,,Ein Mensch geht auf dem Wege und sieht, daß der Esel seines Feindes unter seiner Last erliegt. Er geht hin, reicht ihm die Hand und hilft ihm, ab- und aufzuladen, ein durstiges Geschäft im heißen Klima von Israel. Daher gehen sie dann zusammen in ein Wirtshaus, und der Eselstreiber sagt in seinem Herzen: So liebt mich der und der, und ich Dummkopf meinte, er hasse mich. Sogleich reden sie miteinander und machen Frieden." Das Fazit liegt auf der Hand: Bau dir eine Eselsbrücke zum Feind hin, dem Hilfe nottut!

Werdet Gottes Söhne!

Diese Entfeindungsmethode hebt Jesus mit Recht als konkrete Theopolitik zur Schrumpfung von Konflikten hervor, indem er lehrt: ,,Erweiset euren Hassern Liebesdienste" – wie es richtig zu übersetzen wäre –, und betet für die, die euch verfolgen (auf daß sie aufhören, euch zu verfolgen), damit ihr Söhne eures Vaters im Himmel *werdet*!" (Mt 5,44–45).

Jesus sagt ausdrücklich: ,,Werdet!" Nicht: Seid! Denn, ungleich der griechischen Gottessohnschaft, die mit der Geburt beginnt, kann man im Judentum ein Sohn Gottes *werden*, indem man dem Vater im Himmel Nachfolge leistet, alle Schranken der Liebe aufhebt und sogar den Feind durch Zuvorkommenheit entwaffnet, um ihn zum Freund zu machen.

Wer so den SCHALOM zu fördern vermag, durch eine beharrliche Praktik der kleinen vertrauensfördernden Schritte, wie etwa Konfliktentschärfung, Prestige-Entsagung, Streit-Entflechtung, Rechtsverzicht, Kompromißfreudigkeit, Nachgiebigkeit und alle tausend und ein Wege geduldiger Ameisenarbeit, der zählt auf Hebräisch, wie Jesus sagt, zu den Söhnen Gottes, wie es auch in der siebenten Seligpreisung heißt: ,,Selig sind die Friedensschaffer, denn sie werden Gottes Söhne heißen" (Mt 5,9).

,,Friedens-Schaffer" sagt Jesus, denn um eine schöpferische, redliche Mühe geht es, die die Mauern des Mißtrauens abbauen und Brücken schlagen soll. Von einem Zureden, einem feinfühligen Zueinander-Bringen, vom Aufspüren subtiler Annäherungen, vom Pirschen nach Entspannung, von Handgreiflichkeit – für jede ausgestreckte Friedenshand – kurzum vom „Jagen nach dem Frieden", wie es der Psalmist empfiehlt (Ps 34,15), ist hier die Rede, die Gott selbst uns täglich vorlebt, um uns zur Nachahmung zu verlocken.

Wie sich solche menschliche Befriedungsmühe zur göttlichen Allversöhnung verhält, beleuchtet eine rabbinische Parabel, die den Kochtopf als Vorbild für alle Friedensstifter hochhält.

Denn jeder bescheidene Kochtopf vollbringt ja, ohne viel Federlesens zu machen, ein tägliches Wunder, das auch die Politiker anregen sollte. Indem sein dünner Boden zwei feindliche Elemente, nämlich Feuer und Wasser, voneinander trennt, versöhnt er die beiden keineswegs – denn das kann nur Gott allein –, er läßt das Wasser Wasser sein und das Feuer weiterbrennen, ohne sich im geringsten in die widersprüchlichen Angelegenheiten der beiden Gegner einzumischen –, aber er bringt es fertig, sie beide zur friedlichen, konstruktiven Zusammenarbeit zu bewegen. Eine kulinarische Kooperation, aus der das Gute in der Gestalt des schmackhaften Küchensegens hervorgeht.

Friedensstiftung biblisch

Um die Phantasie der Friedensstifter anzustacheln, erzählt uns die Bibel die Geschichte von einer erfolgreichen Entfeindungsliebe, in der die Notdurft eines Königs, ein abgeschnittener Rockzipfel und ein „einzelner Floh" sich in die Hauptrollen teilen.

Im 24. Kapitel des 1. Samuelbuches jagt König Saul mit 3000 Mann dem jungen David nach, den er umbringen will, da jener ihn angeblich seines Thrones berauben wollte. Im Laufe der Militäroperation zieht sich Saul in eine abseits gelegene Höhle zurück, um seine Notdurft zu verrichten, oder, wie es die Bibel eleganter sagt, „um seine Füße zu bedecken" (1. Sam 24,4).

Justament dieselbe Höhle hatte aber David sich mit seinen Mitstreitern zum Versteck erwählt, so daß sein Feind nun nicht nur in Reichweite war, sondern sich auch in einer Situation befand, die an Hilflosigkeit grenzte. Dennoch schlägt David den Ratschlag seiner Freunde, Saul zu töten, in den Wind – nur um ihm „hinterlings" ganz leise einen Zipfel von seinem Rock abzuschneiden. Mit diesem Corpus delicti in der Hand stellt er nun vor dem Eingang der Höhle seinen Feind und kann ihm ins Angesicht sagen: „Ich habe mich nicht an dir vergriffen; du aber jagst mir nach, um mir das Leben zu nehmen" (24,12).

Saul ist beeindruckt, aber noch nicht überzeugt. Da neigt David als Zeichen der Unterwerfung sein Antlitz zur Erde und krönt seine Demut durch Worte der Selbsterniedrigung, die zum Sprichwort werden sollten: „Gegen wen zieht der König von Israel zu Felde? Wem jagst du denn nach? Einem toten Hund? Oder einem einzelnen Floh?" Dieser „Floh" scheint es zu sein, der Sauls letzten Widerstand zu brechen vermochte, denn gleich danach heißt es: „Da erhob Saul seine Stimme und weinte und sprach zu

David: ‚Du bist gerechter als ich, du hast mir Gutes erwiesen; ich aber habe dir Böses getan ... Wo ist jemand, der seinen *Feind* findet und läßt ihn mit *Frieden* seinen Weg gehen? Der Herr vergelte dir Gutes für das, was du heute an mir getan hast" (24,17 ff). Sie schworen daraufhin einander Frieden und gingen versöhnt auseinander.

Nicht weniger realistisch war der Prophet Jesaja mit seiner Forderung, sie mögen „ihre Schwerter zu Pflugscharen ... umschmieden" (Jes 2,4), was zu seiner Zeit weder eine Stilblüte noch poetischer Überschwang war, sondern eine alltägliche Machbarkeit.

In jenen Tagen der späten Eisenzeit pflegten nämlich die Bauern Judäas ein und dieselbe kostbare Eisenspitze auf ihren Holzpflug zu stülpen, die sie zu Kriegszeiten abnahmen, um sie auf einer zugespitzten Holzstange zu befestigen, die dann als Waffe dienen konnte. In diesem Prophetenwort wird weder die Realität des Krieges verheimlicht, noch erklingt ein utopisches „Seid umschlungen, Millionen!", sondern es wird nüchtern auf die Möglichkeit eines internationalen Ausgleichs unter Gott hingewiesen (Jes 2,2–24), dem das Umschmieden der Waffen in Werkzeuge des Brotgewinns den Weg ebnen soll.

Entfeindungsliebe

Was also ist die Entfeindungsliebe, wie Jesus sie uns nahelegt? Sie beruht vor allem auf Realismus, der die Übel dieser Welt als Tatsachen akzeptiert – auch die Feindseligkeiten, aber: als Herausforderung, um sie aus der Welt zu schaffen. Feindschaft gibt es wohl, aber es muß sie nicht geben, denn der Mensch hat es in sich, zumindest einen Teil des Bösen in ihm – und in seinem Nächsten – zum Guten umzuwandeln, wenn er nur fest genug dazu entschlossen ist.

Martin Buber erzählt: Jaakob Jizchak vertrug es überhaupt nicht, wenn man einen Menschen böse nannte. „Ein Mensch tut wohl Böses", pflegte er dann zu sagen, „wenn ihn der böse Trieb überwältigt, aber dadurch wird er doch nicht selber böse. Kein Mensch meint das Böse, entweder gerät er hinein, er weiß gar nicht wie, oder aber er hält das Böse für das Gute. Du mußt ihn eben lieben, diesen Menschen, der Böses tut, du mußt ihm liebend helfen, dem Wirbel zu entkommen, in den ihn der Trieb zieht ... Anders als liebend wirst du nichts zustande bringen, sondern er wird dich zur Tür hinausschmeißen, und er wird recht haben. Nennst du ihn aber böse (und hassest ihn dafür), dann machst du ihn böse, auch wenn du ihm dann helfen willst, erst recht wenn du es willst, du machst ihn böse, denn du machst ihn verschlossen. Erst wenn der Mensch, der Böses tut, sich in der Welt seiner Handlungen verschließt, erst wenn er sich in ihr verschließen läßt, wird er böse" (aus „Gog und Magog").

Die Entfeindungsliebe zielt auf die Vermenschlichung beider Parteien, sowohl des Objekts als auch des Subjekts der Verfeindung: des Gehaßten, als Zielscheibe meiner ungebändigten Aggression, die aus ihm einen Sündenbock oder einen Prügelknaben macht, auf den ich all meine Fehler, Schwächen und Schattenseiten projiziere, bis er zuletzt entmenscht und vollauf verteufelt wird. Indem ich mit dieser gehässigen Falschmünzerei Schluß mache und meinen Gegner einen guten Mann sein lasse, wird er in meinem Hinterkopf ein Mensch wie ich; und zugleich werde ich das ätzende Gift des Hasses los, um wieder liebesfähig und menschenfreundlich zu werden. Letztendlich werde ich mein Feindbild los und er zugleich das seinige, das ich gewesen bin. Nach dieser befreienden Doppel-Entfeindung steht einer vernünftigen Verständigung nichts mehr im Wege.

Kurzum, die Entfeindung bekämpft die Feindschaft – aber nicht den Feind. Sie ist die (bisher) reifste Entwicklungsstufe einer jahrtausendelangen moralischen Evolution im sittlichen Bewußtsein des Alten Israel.

Die Doppelliebe

Der Leitsatz der Entfeindungsmethode stammt, wie Jesus sagt, aus dem 3. Buch Mose, wo es heißt: ,,Liebe deinen Nächsten wie dich selbst!'' (Lev 19,18) – eine Satzung, die als Doppelgebot verstanden werden will. Denn hier wird sowohl die Nächstenliebe befohlen als auch die Selbstliebe gutgeheißen. Was aber hat normaler Egoismus mit edler Selbstlosigkeit zu tun? So fragt einer der Talmudmeister. Viel in jeder Hinsicht, so lautet die Antwort, denn liebesfähig ist nur einer, der sich selber leiden mag und daher imstande ist, in jedem Mitmenschen – auch dem feindseligen

– ein Stück vom eigenen Wesen als liebens-würdig zu entdecken.

Wie zentral diese so verstandene Doppelliebe als tatkräftiger Gottesdienst im Judentum gilt, mag die Vielzahl der Deutungen beweisen, die das Wort aus Leviticus 19,18 angeregt hat.

Die chassidische Deutung besagt: ,,Liebe deinen Nächsten wie dich selbst; ich bin der Herr.'' Der tiefere Sinn bedeutet: Wo immer zwei auf Erden sich versöhnen, Frieden schließen und einander lieben, da ist Gott der Dritte in ihrem Bunde.

Martin Buber erzählte, daß einst nach einem Vortrag über die Nächstenliebe eine Dame ihn ansprach, um zu fragen: Ich liebe mich selbst überhaupt nicht, Herr Buber, wie kann ich dann den Nächsten lieben? Buber und Rosenzweig, die damals gerade die Heilige Schrift neu verdeutschten, nahmen diese Frage ernst, hinterfragten ihren Text, um auf die Möglichkeit einer anderen Übertragung zu stoßen, die dem Urlaut und dem Ursinn ebenso gerecht würde. Schließlich schrieben sie: ,,Liebe deinen Nächsten, er ist wie du!''.

Auf die Frage, was dabei gewonnen wäre, lautete Bubers Antwort: Hiermit wird ausgesagt, daß dein Mitmensch, was immer auch der Augenschein sein mag, der ihm Bosheit, Allmacht oder Hinterlist in deinen Augen verleiht, im Grunde genauso schwach, gebrechlich und den Ängsten des Daseins ausgesetzt ist wie du selbst. Dieses Sein-wie-Du entwaffnet also viel von der Angst, die du vor deinem Nächsten haben könntest. Wenn so der Angst der

Boden entzogen wird, wird auch der Haß, der fast immer einer unterschwelligen Angst entspringt, entschärft und umlernfähig. Sobald Angst und Haß verschwinden, dann erst öffnen sich die Tore des Herzens für die unbehinderte, freie Nächstenliebe.

Rabbi Joshua Heschel, einer der großen Religionsphilosophen unseres Jahrhunderts, sagte: Liebe deinen Nächsten; er ist wie du! Was will der Schöpfer uns damit beibringen? Der Rabbi antwortete: Gott spricht: Ich habe euch beide als Träger meines Ebenbildes geschaffen, so daß jeder Nächstenhaß nichts anderes ist als verkappter Gotteshaß. Indem du deinem Nächsten etwas nachträgst, ihn schmähst, verabscheust oder geringschätzt, tust du all dies dem göttlichen Funken an, der in seinem Herzen brennt und ihm den Adel des wahren Menschentums verleiht.

Rabbi Chanina pflegte zu sagen: ,,Gott spricht: Wenn du deinen Nächsten haßt, weil er so böse ist wie du, werde ich es dir vergelten. Liebst du ihn aber, weil er so gut ist wie du, so werde ich mich deiner erbarmen" (Abot de Rabbi Nathan II,26).

Oft hängt es also von uns ab, ob unser Nächster sich zum Freund oder Feind entfaltet. Begegnen wir ihm mit Vorurteilen, harten Worten oder Argwohn, so kommt es zur Ent-Gegnung, die bald zur Ver-Gegnung ausarten kann, um schließlich zur zerstörerischen Zer-Gegnung zu werden.

Offenheit, Zuvorkommenheit und ein Vorschuß an Vertrauen rufen jedoch meistens in seinem Herzen dieselben

Gefühle hervor. Das Gute im Nächsten wartet auf unsere Güte; alles Ungute unsererseits hingegen rüttelt das Böse in ihm wach.

Jesus drückt das so aus: ,,Richtet nicht, und ihr werdet nicht gerichtet werden ... Sprecht frei, und ihr werdet freigesprochen werden ... Gebt, und es wird euch gegeben werden ... Mit demselben Maß, mit dem ihr meßt, wird euch wieder gemessen werden" (Lk 6,37–38).

Die Mystiker der mittelalterlichen Kabbala pflegten zu sagen: Der Nächste ist immer ein Stück von dir; in jedem Mitmenschen steckst du selber keimhaft drin; Nicht-Liebe zum Nächsten rächt sich daher am eigenen Ego, das aufschreit zum Himmel gegen den Masochismus der Lieblosigkeit. Denn jeder Haß ist, zutiefst gesehen: Selbsthaß. Jeder Liebeserweis ist eigentlich ein Dienst am Ich; Altruismus ist daher nichts anderes als erleuchteter Egoismus, der das Gefängnis der eigenen Haut zu sprengen vermag. Nur in dem Maße, in dem du dich selbst angenommen hast – so wie du wirklich bist, ohne Wunschdenken oder Angstmalerei –, bist du fähig, andere anzunehmen. Hast du dein Selbst noch nicht gefunden, weil du in Schuldgefühlen oder Selbstmitleid zu ertrinken drohst, oder weil du über deinen Spiegel ein Phantasiebild voller Heldenhaftigkeit geklebt hast, dann mußt du krampfhaft weiter suchen, immer neue Masken versuchen, umwegige Suchexpeditionen nach deiner Identität unternehmen, bis du ich-süchtig wirst.

Die Süchtigen suchen alle ihr Selbst, und meinen es im kurzlebigen Rausch der Selbst-Befriedigung zu finden, die alles *Du* zum leblosen *Es* – zum Objekt der Nutznießung reduziert, um im Nu einem noch tieferen Unbefriedigtsein zu weichen. Von hier führt der Weg bergab zum inneren Zwist, zum Streit, ja zur Selbstverachtung, die alles Lieben rasch verlernt. Daher schließen Selbstliebe und Selbstsucht einander aus. Denn echte Selbstliebe sucht nicht mehr; sie hat sich selbst gefunden, angenommen, und gelernt, daß jedes Ich auf Erden sein Du benötigt, um an ihm zu wachsen und zu reifen und sein Selbst zur vollen Entfaltung zu bringen.

Das Fazit entspricht dem hebräischen Liebesgebot, das die Selbstliebe zum Maß aller Nächstenliebe erklärt. Wer sich selbst nicht liebt, der ist ein (selbstsüchtiger) Egoist. Ohne echte Selbstliebe kann es aber keine wahre Mitmenschlichkeit geben.

In diesem Sinne sucht die Entfeindungsliebe den Brückenschlag zwischen erleuchtetem Eigennutz und weitsichtigem Altruismus, um beiden zu dienen und sie zur Zweieinigkeit zusammenzuschweißen.

Wer also seinen Feind zum Freund machen kann, der hilft dem anderen und sich selbst zugleich. Die Moral liegt auf der Hand: Was gut und edel ist, das darf auch nützlich sein.

Gut sein alleine genügt nicht

Leider ist an der Sache ein Haken. Wir alle möchten so schrecklich gerne gut sein, aber Güte ist oft schwieriger,

als man denkt. Wer planlos gut ist, läuft Gefahr, ausge-
nützt und obendrein noch ausgelacht zu werden. Genau
wie Eigenliebe und Nächstenliebe bedachtsam kombiniert
werden wollen, so bedarf auch die Herzensgüte nicht so
sehr des Enthusiasmus als der leitenden Vernunft. In den
Worten Jesu: ,,Seid also klug wie die Schlangen *und* sanft
wie die Tauben!'' (Mt 10,16).

Derselbe realistische Idealismus, der die goldene Regel mit
diesem Doppelauftrag der Nächsten- und der Eigenliebe
verbindet, beseelt auch die zweite Spitzenaussage der
Berglehre: ,,Wer dich auf die rechte Backe schlägt, dem
halte auch die andere hin!'' (Mt 5,39).

Hier ist vorerst zu bemerken, daß das im Normalfall gar
nicht geht. Versuchen Sie doch einmal, eine Person, die
vor Ihnen steht, auf die rechte Backe zu schlagen! Nur
Linkshänder oder Akrobaten können das fertigbringen.
Da Jesus jedoch weder das eine noch das andere war, so
müssen wir tiefer schürfen, um seiner Aussage gerecht zu
werden.

Auch hier hilft uns der Talmud aus der Patsche: Im Traktat
über Körperverletzungen lesen wir: ,,Wenn jemand seinem Nachbarn eine Ohrfeige gibt ..., so zahlt er ihm vor
dem Richter 200 Sus als Wiedergutmachung (etwa DM
60,–) ... Geschah es aber mit verkehrter Hand, also, mit
dem Handrücken, so zahlt er ihm 400 Sus – das Doppel-
te.'' Warum?

Der Schlag mit dem Handrücken schmerzt zwar weniger,
gilt aber als Geste der Verachtung, die größeren Schimpf
verursacht und zwiefach bloßstellt. Also nicht von

Schmerzensgeld allein ist hier die Rede, sondern von einer gezielten Verunglimpfung, wie jeder der jüdischen Zuhörer Jesu sofort verstand.

Auch hier kam es zu vielen verschiedenen Deutungen. Eine bewußte Selbstüberforderung – so sagt die erste – als ein Auftrag, der so gut wie alle menschliche Moralkraft übersteigt, indem er den totalen Verzicht auf die eigene Würde verlangt – der totalen Nächstenliebe zuliebe.

Es klingt aber auch wie eine Ethik der Selbsterniedrigung, die den normalen Egoismus durch gewollte Demütigung bändigen oder gar im Keim ersticken will. Ob solch eine Erziehung zur Selbstlosigkeit psychologisch zu empfehlen sei, bleibt eine offene Frage, die die meisten Psychologen verneinen.

Man könnte aber ebensogut sagen, es handle sich hier um eine Ethik des stillen Stolzes, wie Carl Friedrich von Weizsäcker meint, der dem Schläger zu verstehen gibt: Wenn du mich auf diese brutale Weise treffen willst, so kannst du mich ruhig auch auf die andere Backe schlagen, aber wisse: So triffst du mich nicht!

Nicht auszuschließen wäre auch eine ganz realistische Deutung, die Nüchternheit mit Moralität verbindet. Halte ihm auch die andere Backe hin! Das ist natürlich ein Risiko, denn die Gefahr, daß der Gegner ein zweites Mal zuschlägt, ist nicht von der Hand zu weisen. Ebenso besteht aber die Hoffnung, daß ihn die widerstandslose Demut des ohnehin schon Geschlagenen überwältigt und in seinem Herzen das Mitleid oder zumindest das Mitgefühl die Oberhand gewinnt. Das Hinhalten der anderen Backe wäre dann als ein wortloser Appell an die Menschlichkeit des Überlegenen zu verstehen; ein Appell, der sicherlich mehr Aussicht auf Erfolg hat als ein zorniges Zurück- schlagen, wie die moderne Aggressionsforschung inzwi- schen einleuchtend bewiesen hat. So zum Beispiel ist es auch bei Raubtieren üblich, wie Konrad Lorenz mit etli- chen Fallstudien darlegt, daß in Zweikämpfen der Unter- legene sein Leben durch eine Demutsgebärde retten kann, die vom Siegertier anstandslos akzeptiert wird.

Bestätigung findet diese Annahme auch aus dem Mund ei- nes hartgesottenen Realpolitikers, des Königs Herodes Agrippa II., der seinen Landsleuten zu Jesu Zeiten den- selben Ratschlag in folgenden Worten erteilte: ,,Nichts mildert die Wucht der Schläge so sehr, als sie geduldig zu ertragen; und die Gelassenheit der Leidenden hindert die Schergen in ihrem Vorhaben" (Josephus Flavius, Der jü- dische Krieg, II,XVI,4).

In Frage käme schließlich auch der Ratschlag des Prophe- ten Jeremia (den Jesus häufig zitiert), der unter ähnlichen Umständen daran erinnert, daß Gott die Schwachen liebt und sich der Demut erbarmt. So heißt es im 3. Kapitel sei- ner Klagelieder: ,,Es ist ein köstlich Ding für einen Mann, daß er das Joch in seiner Jugend trage. Er sitze einsam und schweige, wenn Gott es ihm auferlegt, und stecke seinen Mund in den Staub; vielleicht ist noch Hoffnung. *Er biete die Backe dar* dem, der ihn schlägt, und lasse sich viel Schmach antun. Denn der Herr verstößt nicht ewig; son- dern er betrübt wohl und erbarmt sich wieder nach seiner großen Güte" (Klg 3,27–31).

Auch Jesaia (50,6 f) käme als Vorbild in Frage: ,,Ich habe nicht widerstrebt, ich bin nicht nach hinten gewichen; den Schlägern gab ich meinen Rücken, den Raufenden beide meine Wangen. Mein Antlitz habe ich nicht verborgen vor Schimpf und Bespeiung."

Obwohl Jesu Gebot von der zweiten Backe an diese Prophetenworte erinnert, wissen wir, daß er es nie wörtlich gemeint hat. Das bezeugt er nämlich selbst, als ihn ein Diener des Hohepriesters ins Gesicht schlägt (Joh 18,22 ff) und er sich mit Recht gegen diese Mißhandlung empört. Als der Hohepriester zwanzig Jahre später Paulus ins Gesicht schlagen läßt (Apg 23,2–3), verflucht dieser spontan seinen Schläger. Vom Hinhalten der anderen Backe ist in beiden Fällen nicht einmal die Rede – geschweige denn die Tat.

Ich würde daher eine andere, symbolische Deutung vorziehen. Bildlich, im Sinne eines passiven Widerstands, folgten Tausende von Juden etliche Male diesem Ratschlag. Sie ,,hielten die andere Backe hin" und erreichten damit mehr, als alle 61 Zelotenaufstände, Kriege und Rebellionen gegen das Heidenjoch zeitigen konnten.

Typisch war der erste Zwischenfall im Jahre 26, der die verpönten Bilder des römischen ,,Gott-Kaisers" betraf. Kurz nach seinem Amtsantritt in der Garnisonsstadt Caesarea beschloß Pontius Pilatus, in der Nacht diese Statuen nach Jerusalem hinauf zu bringen, um so mit voller Absicht die religiösen Gefühle der Juden zu verletzen.

Wie bekannt, verbietet das Zweite Gebot die Anfertigung, den Besitz und die Zur-Schau-Stellung von menschlichen Bildnissen – ein Verbot, das insbesondere für die Heilige

Stadt, als Tempelsitz, von den Vorgängern des Pilatus respektiert worden war.

Was in der Folge geschah, berichtet Josephus Flavius: „Die Juden erhoben sich gegen Pilatus in Caesarea, um ihn zu bitten, die Bilder aus Jerusalem zu entfernen ... Da Pilatus sich weigerte, lagerten sie sich um sein Haus und blieben dort fünf Tage und fünf Nächte. Am sechsten Tag begab sich Pilatus vor sein Tribunal im großen Stadium und rief das Volk unter dem Vorwand zusammen, auf sein Begehren antworten zu wollen; da gab er den bewaffneten Soldaten den Befehl, die Juden zu umzingeln. Als die Juden sahen, wie die Soldaten sie mit einem dreifachen Ring umgaben, blieben sie vor diesem unerwarteten Schauspiel stumm. Pilatus, nachdem er ihnen erklärt hatte, er wolle sie alle töten lassen, falls sie dem Bildnis des Kaisers nicht huldigen würden, gab den Soldaten das Zeichen, ihre Schwerter zu ziehen. Doch die Juden warfen sich, wie auf einen gemeinsamen Befehl, auf die Erde und boten ihre Nacken dar, alle bereit, lieber zu sterben, als das Gesetz Gottes zu verletzen." Und der ausschlaggebende Schlußsatz lautet: „Von diesem religiösen Eifer überwältigt, gab Pilatus den Befehl, die Bilder aus Jerusalem zu entfernen" (Bell II,9,2).

So gelang es anfänglich, jesuanischer Lehre gemäß solidarische Gewaltlosigkeit in politische Macht umzumünzen – wie es später auch Gandhi in Indien und Martin Luther King im Staate Mississippi fertigbrachten – um nur zwei der erfolgreichen Nachahmer Jesu im Bereich der Politik zu erwähnen.

In den dreißiger Jahren gab es ein Sprichwort in London: „Wenn in New Delhi der Aufstand tobt, lächelt man in Whitehall; wenn aber Gandhi zu fasten beginnt, zittert die ganze Downing Street."

Zu den Behörden im Staate Mississippi sagte der Bürgerrechtler und Pastor Martin Luther King in seiner letzten öffentlichen Ansprache: „Ihr könnt uns schlagen und treten, einsperren und herauswerfen; ihr möget uns verachten und verfluchen, aber ihr könnt uns nicht verhindern, daß wir euch lieben." Zwei Monate später wurde er von einem Fanatiker erschossen. Und dennoch hat er mehr zur Verbesserung der Beziehungen zwischen Schwarzen und Weißen in den Vereinigten Staaten beigetragen als alle Draufgänger und Gewalttäter insgesamt.

Doch ehe wir zu voreiligen Schlußfolgerungen vorstoßen, muß auch die Gegenargumentation zu Wort kommen.

Zunächst gilt es zu betonen, daß Jesus, Gandhi und Martin Luther King, die drei großen Vorbilder des gewaltlosen Widerstandes, allesamt der brutalen Gewalt zum Opfer gefallen sind. Ihr Ideal muß also für seine Verwirklichung die Selbsthingabe und den Opfertod mit einkalkulieren.

Was die 6000 Juden betrifft, die Pilatus gewaltlos „überwältigten", muß hinzugefügt werden, daß sie nicht nur „taubensanft" waren, sondern „schlangenklug" zugleich – genau wie Jesus es seinen Jüngern empfahl. Sie wußten nämlich unter den damaligen politischen Umständen, daß der eben erst aus Rom angekommene Prokurator es sich nicht erlauben konnte, seine neue Karriere mit einem sinnlosen Blutbad zu beginnen, das aller Wahrscheinlichkeit

nach den jüdischen Widerstand im ganzen Lande nur noch
stärker angefacht hätte. Ihr Darbieten des entblößten
Nackens war also ein wohlkalkuliertes Risiko, das gute
Aussichten auf Erfolg haben mußte.

Es lieferte jedoch kein wiederholbares Modell, denn als ein
paar Jahre später Pilatus den Tempelschatz beraubte, angeblich um den Bau eines Aquäduktes zu finanzieren, erhob sich eine ähnliche Protestaktion in Jerusalem, die jedoch vom Prokurator trotz ihrer Gewaltlosigkeit uner-
bittlich niedergemetzelt wurde.

Im Falle von Gandhi und M. L. King gesellt sich ein weite-
rer Faktor zum Hintergrund ihres passiven Widerstands:
In beiden Fällen durfte man ein Minimal-Ethos biblischer
Prägung auf seiten der Machthaber voraussetzen, das den
öffentlichen Massenmord wehrloser Menschen kaum be-
fürchten ließ – um so mehr, als beide Aktionen von
Persönlichkeiten geführt wurden, die auf breite Sympathie auch im Lager ihrer politischen Gegner rechnen
konnten.

Dies galt leider *nicht* für die brutale ,,Endlösung“ der
,,Judenfrage“ im Dritten Reich, noch gilt es bedingungs-
los für die heutige Spannung in den Beziehungen zwischen
der Sowjetunion und Amerika.

In unserer Generation wurden *ohne Widerstand* Millionen
von Jesu leiblichen Brüdern und Schwestern ihres gottge-
gebenen Lebensrechtes beraubt – mitten in einem getauf-
ten Europa, das mit der Berglehre seit bald 2000 Jahren
vertraut ist. *Ohne Widerstand* wurden Hunderte von jüdischen Gemeinden in den Gastod gejagt. *Ohne Widerstand*

ließ die Welt Hitler gewähren. Genügt ein Holocaust nicht, um uns das ABC des Menschentums beizubringen?

Ist der Mensch von Grund auf böse?

Oft wird eingewendet, der Mensch sei „böse von Jugend auf" (Gen 8,21), die Natur sei nun einmal so konstruiert, daß kein Wesen leben könne, ohne andere zu zerstören, und daß der Trieb zur Aggression jedem Menschen einge-stiftet sei. Was die außermenschliche Natur betrifft, so ist es wahr, daß das Töten und Auffressen aus Überlebens-gründen zum Existenzkampf der gesamten Fauna gehört. Nicht so beim Menschen, dessen Zwei-Triebe-Struktur für eine lebenslange Spannung sorgt, die jedoch Freiraum läßt für die selbständige Entscheidung jedes einzelnen.

Im Talmud heißt es: Der sogenannte böse Trieb ist gar nicht böse von vornherein. Wenn du fragst: Warum hat Gott den bösen Trieb geschaffen, und was kann ihn gut machen, so sagt Er dir: Du selbst machst ihn böse! Als Kleinkind hast du ja nicht gesündigt. Wendest du ein: Der Mensch kann sich nicht vor sich selber schützen, so sagt Er dir: Es gibt härtere und bitterere Dinge auf Erden – und ihr verbessert sie. Solltest du nicht imstande sein, den dir überantworteten „bösen" Trieb zu veredeln? (Abot de Rabbi Nathan 17)

Einen Schritt weiter ging Rabbi Samuel: „Und siehe, es war gut!" (Gen 1,21) – dies ist der gute Trieb. „Und siehe, es war sehr gut!" (Gen 1,31) – damit ist der böse Trieb ge-

47

meint. Auf die erstaunte Rückfrage seiner Kollegen erklärte Rabbi Samuel seine Deutung: „Es will dich lehren, daß ohne den ‚bösen‘ Trieb kein Mensch eine Frau ehelichen, Kinder zeugen noch Handel treiben würde" (Gen Rabba 9).

Im Klartext: Der zunächst als „böse" eingestufte Trieb sichert sowohl den Fortbestand der Menschheit als auch die individuelle Existenz. In seiner Zweideutigkeit kann er sowohl den Fortschritt ermöglichen – als auch den Schritt fort vom Schöpfungsauftrag und der Menschlichkeit. *Ohne* einen gezähmten Expansionsdrang wären wir alle noch in der Steinzeit; *mit* einem ungebändigten Drang zur Macht kämen wir bald zurück zur vorgeschichtlichen Dschungelwelt.

Die moderne Aggressionsforschung bestätigt die Talmud-These von der Ambivalenz der Aggression – ganz im ursprünglichen Sinn des lateinischen Stammwortes adgredi, das „sich an etwas machen", „jemanden an-gehen" bedeutet, was sowohl zur Freundschaft als auch zur Feindschaft führen kann. Aggression steht also ursprünglich ganz im Dienste des Lebens und hat zunächst nichts mit Sadismus oder Zerstörung zu tun. Sie birgt in sich den Keim der Annäherung, die in Liebe oder Mord ausmünden kann. Am Menschen liegt es, sie zum Guten zu wenden.

Das Menschenbild der Bibel ist realistisch und lebensnahe; pessimistisch ist es nicht. Der erste Mensch, der einen Bruder hatte, schlug ihn tot – und der Brudermord – für die Bibel ist das jeder Menschenmord (Gen 9,5) – hat bis heute nicht aufgehört.

Doch der Gott der Bibel ist ein Gott der Freiheit, der keine Liebe erzwingt. Für seine fortschreitende Schöpfung will er weder blinde Werkzeuge noch Marionetten, sondern freie Mitarbeiter und aktive Partner mit Mitbestimmungsrecht in der Entfaltung dieser Erde, die unsere gemeinsame Heimat ist.

Deshalb schuf er den Menschen frei: frei zu wählen zwischen Krieg und Frieden, Fluch und Segen, Gut und Böse – und kein Gottessohn, kein heiliger Geist nimmt ihm diese persönliche Verantwortung ab, die seine Hölle oder sein Himmelreich werden kann. ,,Leben und Tod habe ich euch vorgelegt, Segen und Fluch. So erwähle das Leben, auf daß du am Leben bleibest, du und deine Nachkommen" (Dtn 30,19). Hier steht die Urkunde unserer Mündigkeit.

Sie führt nach Auschwitz – oder in Gottes Reich; zum Weltfrieden – oder zum letzten Weltkrieg. Beide Wege stehen dem Menschen offen, der verurteilt wurde, frei zu sein, und jeden Tag neu wählen muß zwischen den beiden Polen seines Daseins.

So steht er vor uns – eine Zerreißprobe auf zwei Beinen; Erdenkloß und Ebenbild; friedliebend und kriegführend; ein lebendiges Ausrufezeichen zwischen Himmel und Erde; ein straffer Bindestrich zwischen Tier und Engel, unterwegs zur vollen Menschwerdung.

Das Pech mit uns ist es, daß der Mensch schief gewachsen zu sein scheint. Intellektuell ist er seit Bibelzeiten ein Riese geworden; biologisch hat er ebenso ein Stück Wachstum aufzuzeigen, aber moralisch ist er ein Zwerg geblieben.

Der Friede ist vor allem aber ein moralisches Problem, denn es ist der Streit in unserer Seele, der stets neue Kriege gebiert. „Vor deiner (Herzens-)Türe lauert die Sünde, die nach dir giert" (Gen 4,7), so heißt es vor dem ersten Blutvergießen in der Schrift – aber auch: „Du sollst Herr werden über sie!"

Und jede Generation hat ihre Glaubenshelden und Gerechten, die diese von Gott gegebene Macht der Triebbezwingung bewiesen haben. Die Weisen Israels haben Gut (Frieden) und Böse (Krieg) nicht zu Engeln und Teufeln inkarniert, auch keine Prügelknaben in der Hölle für ihre eigenen Verfehlungen gesucht. Nicht *der* Böse, sondern *das* Böse in uns treibt zum Neid, zum Haß und zum Krieg. Die Diagnose des Jesusbruders stimmt noch immer: „Woher kommen die Kriege, woher die Streitigkeiten unter euch? Doch wohl daher, daß eure Begierden einen Kampf in euren Gliedern führen. Ihr begehrt – und gelangt doch nicht zum Besitz... Ihr eifert – und erreicht euer Begehren doch nicht. Also kämpft ihr und führt Krieg" (Jak 4,1–2).

Kain und Abel leben und widerstreben einander tief im Abgrund jeder Menschenseele. „Zwei Seelen wohnen, ach, in meiner Brust", so können wir alle mit Faust aufseufzen. Das ewige Bruderpaar hadert stets von neuem um Gottes Gunst und macht ein jedes Herz zum Schlachtfeld seiner Gegensätze.

Doch der Mensch bedarf dieses spannungsvollen Zusammenpralls, um am Konflikt heranzureifen, Mündigkeit zu erringen und seinem Bruderzwist zur Versöhnung zu ver-

helfen. So lange sind wir alle zur inneren Aggressionsbe-
kämpfung verurteilt, sagen die Mystiker der Kabbala, bis
der alte Kain in uns endlich umzulernen bereit ist, um Gott
die richtige Antwort auf seine Frage, ,,Wo ist dein Bruder?", zu geben: ,,Bei mir, dem Hüter meines Bruders."
Der biblische Grundbegriff ,,Schalom" heißt nicht einfach
Friede, wie allgemein angenommen wird, sondern bedeutet vor allem eine unversehrte Ganzheit, eine nahtlose
Einheit, als Antithese zu aller Schizophrenie und Selbst-
entzweiung. Gemeint ist damit ein unteilbares Heilsein,
das sowohl nach innen als Herzenseinheit, nach oben als
Mit-Gott-eins-Sein und auf alle Seiten hin als Volkssoli-
darität und Völkereintracht eine einzige gottgewollte
Harmonie zum Ausdruck bringen will.

So sind also Wohl und Heil, Wohlfahrt und Geborgen-
heit, Gerechtigkeit und Fairneß die einander ergänzenden
Bestandteile ein und desselben *Schalom*, die so unzer-
trennlich zusammen gehören wie die allumfassende Weltordnung, die unter Gott sämtliche Dimensionen des Lebens integriert. Unfrieden in einem Bereich stiften heißt
daher den Gesamtfrieden gefährden, denn nur der Ein-
klang dieser dreidimensionalen *Pax Biblica* wird der hebräischen Dreieinigkeit von Gott, Mensch und Welt gerecht.

Der Friede muß mühselig eingeübt werden. Er beginnt
nicht in Genf oder Moskau oder Washington, sondern bei
uns zu Hause an jedem Frühstückstisch.

Zwei Götter?

Im Laufe der heutigen Friedensdebatte taucht wieder jene zählebige Zwei-Götter-Lehre auf, die zwar längst von allen Kirchen verworfen worden ist, aber insbesondere bei Autoren, die ihr theologisches Laientum zugeben, fröhliche Urständ feiert.

Der Gott des sogenannten „Alten Testaments" sei ein „Rache- und Richter-Gott", der grausame Vergeltung übt – so heißt es jetzt wieder –, während „der Gott des Neuen Testaments" ein Gott der puren „Liebe" sei, dem alten Juden-Gott haushoch überlegen.

Als Kronzeuge für diese bibelwidrige „Zwei-Götterei" wird gerne Jesus herbeibemüht, mit seinem Wort aus der Berglehre „Richtet nicht!" Wobei jedoch geflissentlich die zweite Satzhälfte totgeschwiegen wird: „damit ihr nicht gerichtet werdet!" Dieser Nebensatz enthält jedoch die Hauptsache, nämlich: das Passivum Divinum, eine häufige Umschreibung Gottes in der rabbinischen Terminologie, derer Jesus sich hier bedient, um klar zu stellen: So wie ihr eure Nächsten *richtet*, genauso wird Gott euch *richten*.

Kurzum, Jesus hat keinen neuen Gott verkündet. Sein Gott, der natürlich auch der Gott Abrahams, Isaaks und Jakobs ist, wie er selbst betont (Mt 22,31 f, Mk 12,29 ff etc.) ist ein gerechter *Richter-Gott,* der die Menschen nach ihrer Mitmenschlichkeit beurteilt oder verurteilt – ein theologischer Grundgedanke, den Jesus nicht weniger als siebenmal mit Nachdruck betont:

„Mit dem *Gericht* mit dem ihr *richtet,* wird Gott euch *richten*" (Mt 7,2).

„Mit dem Maße, mit dem ihr messet, wird Gott euch messen" (Mt 7,2).

„Verurteilt nicht, und Gott wird euch nicht verurteilen" (Lk 6,37).

„Verdammt nicht, und Gott wird euch nicht verdammen" (Lk 6,37).

„Selig sind die Barmherzigen, denn sie werden Gottes Barmherzigkeit erfahren" (Mt 5,7).

Und dann wiederholt er es, ein siebentes Mal – für die Schwerhörigen: „Wenn ihr den Leuten ihre Verfehlungen vergebt, dann wird euer himmlischer Vater euch auch vergeben; wenn ihr aber den Leuten nicht vergebt, so wird euer himmlischer Vater eure Verfehlungen auch nicht vergeben" (Mt 6,14f).

Gottes Gerechtigkeit richtet einen jeden nach seinen Taten, wobei auch die ärgsten Sünden – im Judentum wie auch bei Jesus – durch ehrliche Reue und Buße Vergebung finden können bei unserem himmlischen „Vater", wie die Hebräer, einschließlich Jesus, ihren Schöpfer seit Bibelzeiten anzurufen gewohnt sind (Dtn 32,6; Ps 68,6; Ps 89,27; Jes 63,16; Jer 3,4; Jer 31,9; Mal 2,10 etc.).

Der Gott der Bibel, der „barmherzig und gnädig, geduldig und von großer Langmut und Treue" ist (Ex 34,6), ist jedoch kein „gerechter" im Sinne menschlicher Jurisprudenz. Was Matthäus mit „dikaiosyne" und Luther mit „Gerechtigkeit" übersetzt, wird dem Gottesattribut der „zedakah" nicht gerecht. Denn diese urhebräische Vokabel, die jeder Übertragung trotzt, umfaßt auch die Liebe Gottes und seine Hinwendung zum Menschen. Indem sie Güte und Gerechtigkeit zur höheren Einheit verschmilzt, entspricht sie dem jüdischen Weltbild eines gütig-gerechten Gottes und einer freien und mündigen Menschheit. Denn diese gottgewollte Freiheit, die uns allen gegeben worden ist, zwischen Krieg und Frieden, ,,Leben und Tod, Segen und Fluch zu wählen" (Dtn 30,19), ja zu Gott sagen zu können – oder nein, sie ist und bleibt die unverzichtbare Grundlage der jüdischen und jesuanischen Morallehre.

Wie künstlich und unbiblisch der angebliche Kontrast zwischen dem jüdischen ,,Gott der Rache" und dem christlichen ,,Gott der Liebe" ist, mag die Heilige Schrift selbst beweisen:

,,Du hast Mitleid mit dem Rizinusstrauch ... und ich soll nicht Mitleid haben mit Ninive, der großen Stadt, in der mehr als 120 000 Menschen leben ..., und so viel Vieh?" fragt Gott seinen Propheten Jona (4,11).

,,Liebe will ich, nicht Opfer; Gotteserkenntnis, nicht Brandopfer", kündet der Schöpfer seinem Propheten Hosea (6,6).

,,Denn nur ein Augenblick währt sein Zürnen; doch seine Güte ein Leben lang" (Ps 30,6).

,,Euer Gott ... ist der Gott, der der Waisen und Witwen Recht schafft, der den Gastsassen liebt" (Dtn 10,17).

,,Liebe deinen Nächsten wie dich selbst; ich bin der Herr" (Lev 19,18).

,,Du sollst den Fremdling lieben wie dich selbst" (Lev 19,33).

Schließlich sei jenes Gotteswort angeführt, das dem Rabbiner Leo Baeck half, die dunkle Zeit im KZ Theresienstadt zu überleben: „Es sollen wohl die Berge weichen und die Hügel wanken; aber meine Liebe soll nicht von dir weichen, und der Bund meines Friedens soll nicht hinfallen, so spricht der Herr, dein Erlöser" (Jes 54,10).

Klingen diese hebräischen Bibelstellen nicht zumindest so liebevoll wie folgende Zitate aus dem Neuen Testament:

„Bindet ihm Hände und Füße und werft ihn hinaus in die Finsternis! Dort wird Heulen und Zähneknirschen sein" (Mt 22,13).

„Er wird die Bösen zu Grunde richten" (Mt 21,41).

„Diese meine Feinde ... bringt sie hierher und macht sie vor meinen Augen nieder" (Lk 19,27).

„Ich bin nicht gekommen, Frieden zu bringen, sondern das Schwert" (Mt 10,34).

„Jesus wird den Gesetzlosen durch den Hauch seines Mundes umbringen und durch das Aufleuchten seiner Ankunft vernichten" (2 Thess 2,8).

„Herr, du heiliger und wahrhaftiger, wie lange noch *richtest* du nicht und *rächest* nicht unser Blut an denen, die auf der Erde wohnen?" (Offb 6,10).

Der Zweck dieser Gegenüberstellung ist es nicht, die Hebräische Bibel auf Kosten des Neuen Testaments zu verherrlichen, sondern um endlich die primitive Kontrastierung der beiden Gottesvorstellungen zu widerlegen. *Beide* Testamente kennen (mit gut orientalischem Temperament) Scheltreden, Verfluchungen, Weherufe, Gebete um Vergeltung und Feindschaft für das Böse, jedoch *beide* be-

55

tonen einstimmig die Vorherrschaft der Liebe – für Gott und den Mitmenschen – als Grundstein und Prüfstein alles gelebten Glaubens.

Und dennoch ist der „liebe Gott" eine abendländische Verniedlichung, die der Jude nicht kennt. Ein Gott der Liebe und der Langmut – ja, aber der „liebe Gott" klingt wie das zuckersüße Nachtgebet eines Fünfjährigen – oder wie eine Vogel-Strauß-Theologie, die die unbekannten Seiten Gottes bewußt ausklammert, um den Herrn der Welt zu einem greisen Großvater mit langem, weißem Bart zu reduzieren. Nicht von ungefähr heißt es im Neuen Testament: „Schrecklich ist's, in die Hände des lebendigen Gottes zu fallen" (Hebr 10,31).

Wenn unser Gott ein Gott der Liebe ist, dann ist er auch leidenschaftlich! Ein Gott, der gibt, aber auch nimmt; der vergibt, aber auch straft. Fordernd und gewährend zugleich.

Ein Gott ohne Zorn auf die Sünde, ohne Eifer für das Recht, der hoch im Himmel thront, wäre ein apathischer Griechen-Gott, der von dem Leid der Welt nichts wissen will. Der aber kann nicht der Himmlische Vater der heißblütigen Künder und Leuchten im alten Israel sein, zu denen auch Jesus von Nazaret gehört.

Von diesem Gott der ganzen Bibel heißt es: Groß ist der Friede, denn der Name des Heiligen, gepriesen sei sein Name, lautet: *Friede*. Heißt es doch: „Und Gideon nannte den Altar: Der Herr ist Friede" (Ri 6,24). „Groß ist der Friede, denn er wiegt Gottes ganzes Schöpfungswerk auf" (S.Num. 6,26) – was wie eine Warnung vor unserer Fähigkeit der atomaren Selbstzerstörung klingt.

Widerstand – ja oder nein?

Zu klären bleibt nun der Sinn des scheinbar selbstmörderischen Auftrages Jesu zur passiven Selbstauslieferung an das Böse: ,,Ihr habt gehört, daß gesagt wird: Aug' um Aug', Zahn um Zahn. Ich aber sage euch: Widersteht dem Bösen nicht!'' (Mt 5,3 f).

Der erste Satz bringt ein Rumpfzitat aus der Bibel Jesu (Ex 21,24), aus dem der Evangelist den Kopf – nämlich das Zeitwort – weggelassen hat, so daß der falsche Eindruck entsteht, es sei ein Freibrief für den Geschädigten, sich selbst zu rächen, indem er Böses mit Bösem vergilt. Anders gesagt: Jeder christliche Leser setzt unwillkürlich das Wort ,,nimm'' voran: Nimm Aug' um Aug'; nimm Zahn um Zahn! Im hebräischen Urtext steht jedoch ausdrücklich: ,,Gib ... Aug' anstelle von Aug', Gib Zahn anstelle von Zahn!'' – was eindeutig an den Schädiger adressiert ist, der vor dem Richter Wiedergutmachung durch Schadenersatz leisten muß. Die humanitäre Universalregel ,,Maß für Maß'', die auch Jesus dreimal im Neuen Testament empfiehlt (Mt 7,2; Mk 4,24; Lk 6,38), wird damit zum Rechtsprinzip der Geldentschädigung und des Schmerzensgeldes in allen Fällen von Körperverletzung erhoben. Das Resultat liegt auf der Hand: In der Hebräischen Bibel steht haargenau das Gegenteil von dem, was hier auf Griechisch mit Hilfe der Zerstückelung eines Bibelzitates suggeriert werden soll. Deshalb wurde ja das Zeitwort ausgelassen, da dieses ansonsten die Tendenz des (griechischen) Evangelisten entlarvt und entkräftet hätte.

Da Jesus aber seine Bibel mit Sicherheit besser kannte als Matthäus, ist diese Entstellung wohl dem letzteren zuzuschreiben, der offensichtlich auch den zweiten Satz in der Aussage Jesu mißverstanden hat, nämlich *Widersteht dem Bösen nicht!*

Ich gehe nicht so weit wie etliche evangelische Exegeten und Franz Kamphaus, der (katholische) Bischof von Limburg, der behauptet, dieser Aufruf gegen den Widerstand „sei durch den Evangelisten Matthäus eingefügt worden" (Die christliche Friedensbotschaft, Sekretariat der Deutschen Bischofskonferenz, 5. September 1982, S. 50), aber dennoch bin ich überzeugt, daß dieser Satz ein Fremdkörper in der Berglehre ist, der aller jesuanischen Ethik zuwiderläuft.

Man muß nur nüchtern zu Ende denken, was hier angeblich unsereinem zugemutet wird. Wir werden zur schweigenden Passivität verurteilt, um uns schutzlos den Boshaften auszuliefern und ihnen freie Bahn zu gewähren. Konkret gesprochen – und Jesus dachte immer konkret – bedeutet der totale Verzicht auf Widerstand, daß ein Mann, dessen Frau vor seinen Augen vergewaltigt wird oder dessen Kinder in seiner Gegenwart umgebracht werden, tatenlos zuschauen soll, ohne auch nur einen Finger zu rühren.

Das wäre in der Tat auch ein Rezept für den Frieden – aber es wäre ein Friedhofsfrieden, in dem die Erde lautlos die Guten und die Schwachen zudeckt und die Gewalttäter triumphieren. „Zum ewigen Frieden", so lautet die satirische Inschrift, die Immanuel Kant auf dem Schild eines holländischen Gastwirts fand, auf den ein Kirchhof gemalt war. Sein Mahnwort gilt heute mehr denn je.

Da Jesus aber das Leben als Geschenk Gottes fördern wollte und keine Radikalismen anbot, die in ihren Folgen lieblos oder gar mörderisch sein könnten, kann er wohl kaum gesagt haben: „Widersteht dem Bösen nicht!"

Vier Gründe sprechen gegen diesen Wortlaut:

1. Weder im hebräischen noch im aramäischen Sprachschatz des ersten Jahrhunderts findet sich ein Äquivalent zur griechischen Vokabel „widerstehen". Man kann also diesen Auftrag gar nicht in die Muttersprache Jesu zurückübersetzen – was, gelinde gesagt, stutzig machen muß.

2. Jesu Auftrag an seine Jünger hieß, klug wie die Schlangen und zugleich sanft wie die Tauben zu sein – also: eine Kombination von Friedfertigkeit und gesundem Menschenverstand. Vernünftig kann aber keine bedingungslose Selbstpreisgabe an die Bösen sein, denn dem widerspricht nicht nur die Heiligkeit des Menschenlebens, die der Leitstern der ganzen Bibel ist, sondern auch das berühmte Schwertwort Jesu, das als Auftrag an dieselben zwölf Jünger ergeht, die der Adressat der Berglehre sind. In Lk 22 lesen wir: „Und Jesus sprach zu ihnen: Als ich euch ohne Börse und Tasche und Sandalen ausgesandt habe, mangelte es euch an etwas? Sie aber sagten: an nichts. Er sprach nun zu ihnen: Aber jetzt, wer eine Börse hat, der nehme sie ..., und wer keine hat, der verkaufe seinen Mantel (d. h. sein letztes Hemd) und kaufe ein Schwert! ... Sie aber sprachen: Herr, siehe, hier sind zwei

Schwerter. Er sprach zu ihnen: Es ist genug" (Lk 22,35–38).

Da Jesu Auftrag, ein Schwert zu kaufen, an jeden einzelnen der zwölf adressiert war und „sie" ihm mit „zwei Schwertern" antworteten, könnten hier 24 Schwerter gemeint sein: Ein Kurzdolch im Hemd und ein Flachschwert im Mantel, wie sie damals von vielen Zeloten getragen wurden. Wie dem auch sei, drei Dinge lernen wir aus dieser Episode, die so ganz und gar dem sanften Jesusbild des Lukas widerspricht und daher um so glaubwürdiger als vorlukanische Überlieferung aus dem jüdischen Jüngerkreis gelten darf: Daß *mindestens* zwei der Jünger gar nicht auf Jesu Ratschlag gewartet hatten, sondern sich schon zuvor bewaffnet hatten – und jetzt, ganz unerwartet, ihre Schwerter aus dem Mantel ziehen, *ohne* von Jesus dafür gerügt zu werden. Zweitens: daß Jesus sich mit zwei Schwertern (oder vierundzwanzig?) für dreizehn Mann begnügt – was sicherlich nur zur Verteidigung reichen konnte, keineswegs als Verlockung zur Aggression. Nicht zuletzt aber muß das damalige Römergesetz erwähnt werden, das allen Juden das Tragen von Schwertern aufs strengste verbot, wobei Zuwiderhandelnde häufig als Rebellen gekreuzigt wurden. So war also Jesus bereit, dem Gebot der vernünftigen Selbstwehr den Vorrang einzuräumen, auch gegen das Gesetz der heidnischen Besatzungsmacht.

Was lernen wir daraus? Vor allem, daß eine Einladung zum Selbstmord sich aus Jesu Lehre genausowenig ableiten läßt wie der radikale Pazifismus. All denen, die Jesus zur Chiffre der absoluten Gewaltlosigkeit machen wollen, sagt der sanftmütige Martin Buber, der sich wie kaum ein anderer in die Gestalt Jesu als seinen „großen Bruder" einzufühlen vermochte: „Ich muß, wie dem Übel in mir, so dem Übel in der Welt widerstreben. Ich kann nur darum ringen, es nicht durch Gewalt tun zu müssen. Ich will die Gewalt nicht. Aber wenn ich nicht anders als durch sie verhindern kann, daß das Übel das Gute vernichte, werde ich hoffentlich Gewalt üben und mich in Gottes Hände geben" (Der Jude und sein Judentum, 1963, S. 642).

3. Verzicht auf Gewalt ist keineswegs identisch mit Verzicht auf Widerstand, der ja den Nächsten, dem Unrecht geschieht, im Stich läßt und so zwiefach zum Unrecht beiträgt, indem er auch den Leidtragenden zur Gegengewalt ermutigt. Daher verbietet es die simple Nächstenliebe, die Jesus als minimales Grundprinzip voraussetzt, wehrlos zu dulden, daß das Leben oder die Sicherheit des Nächsten verletzt anstatt geschützt werden. Wo Menschen begrenzte Gewalt anwenden, nicht nur in Selbstwehr, sondern um die Vergewaltigung von Schwachen zu verhüten, kann Gewalt der Ausdruck einer verzweifelten Nächstenliebe sein, die im Grunde dem Gebot des Jakobus gerecht wird: „Wenn ihr das *königliche* Gesetz erfüllt nach der Schrift: Liebe deinen Nächsten wie dich selbst, so tut ihr wohl" (Jak 2,8). „Königlich" heißt das Gesetz der Nächstenliebe im rabbinischen Sprachgebrauch, weil es im jüdischen Denken den absoluten Vorrang genießt vor allen anderen biblischen Geboten, auch denen, die Friedfertigkeit und Gewaltverzicht gebieten.

„Bleib nicht stehen beim Blute deines Nächsten" (Lev 19,16), so heißt es in der Hebräischen Bibel im unmittelbaren Zusammenhang mit dem Gebot der Nächstenliebe (Lev 19,18). Bubers Übersetzung ist noch klarer: „Stehe nicht still bei dem Blut deines Genossen!"

Gemeint ist, daß das gleichgültige, untätige Zuschauen im Falle einer Gefahr, die dem Nächsten droht, als verwerflich und dem Bibelethos entgegengesetzt gilt.

Diesem Ethos entsprechend handelten Dietrich Bonhoeffer und die Männer und Frauen, die am 20. Juli 1944 Hitler *gewaltsam* zu beseitigen suchten, um *Gewalt* einzudämmen und zahllose „Nächste" vor dem sicheren Massenmord zu bewahren. Widerstandslosigkeit wäre in ihrem Falle ein Akt der Feigheit, der Selbstsucht und der gleichgültigen Preisgabe unschuldiger Mitmenschen gewesen – in himmelschreiendem Widerspruch zum Geist der gesamten Berglehre.

4. Verzicht auf Widerstand hilft aber auch „dem Bösen" nicht, der Gewalt übt – noch entfeindet es ihn. Ganz im Gegenteil! Es bekräftigt ihn in seiner Feindseligkeit und lädt ihn ein, ungestraft weitere Gewalttaten zu begehen. Ein passives Hinnehmen böser Taten kann nur das Unrecht mehren, die Armen und Schwachen der Willkür und Gewalt ausliefern und Nächstenhaß fördern – wie das Dritte Reich und Hitlers „Endlösung" nur allzu deutlich bewiesen haben.

Wer als Jude heute den gutmeinenden Anwälten der einseitigen Abrüstung und des gewaltlosen Widerstandes zuhört, kann nicht umhin, an den nicht minder gutgemeinten Ratschlag Mahatma Gandhis zu denken, den er den deutschen Juden in einem öffentlichen Brief ans Herz zu legen beschloß – im Februar des Jahres 1939:

„Wenn ich Jude wäre, in Deutschland geboren, und dort meinen Lebensunterhalt verdiente, würde ich Deutschland ebenso als meine Heimat beanspruchen wie der adeligste deutsche Aristokrat ... Ich würde Hitlers Schergen herausfordern, mich niederzuschießen oder in den Kerker zu sperren; ich würde mich weigern, ausgetrieben zu werden oder eine Absonderung zu dulden. Und indem ich das täte, würde ich nicht darauf warten, daß meine Glaubensgenossen mich in meinem passiven Widerstand unterstützen, sondern ich würde Vertrauen haben, daß am Ende alle anderen meinem Beispiel folgen müßten. ... Das wäre dann ein wahrhaft religiöser Widerstand gegen die gottlose Wut entmenschter Kreaturen" (Nachdruck im Organ der Emigration „Pariser Tageszeitung" vom 10. 8. 1939).

So weit der große Inder. Jeder Kommentar erübrigt sich spätestens seit 1945.

Daß die wehrlose Selbstauslieferung an das Böse – und die Bösen – weder Tugend sein kann noch den echten *Freifrieden* zu fördern vermag, hat Jesus selbst gesagt, so klar und eindeutig, daß so manche Theologen versuchen, seine Aussage totzuschweigen, denn sie verträgt sich schlecht mit dem Wunschbild des passiven Dulders.

Und dennoch warnt er seine Jünger mit Nachdruck: „Denkt nicht, ich sei gekommen, um Frieden auf die Erde zu bringen! Ich bin nicht gekommen, Frieden zu bringen, sondern das Schwert" (Mt 10,34).

Auf Hebräisch heißt das, daß er weder einen faulen Frieden noch einen Heuchler-Frieden will – und schon gar nicht einen Schein-Frieden oder einen Gewalt-Frieden, den die Sieger den Unterlegenen aufoktroyieren, sondern den echten Real-Frieden, der niemals ein Besitztum sein kann oder ein weiches Federkissen, sondern immer wieder die Frucht unermüdlicher Anstrengungen und eines stetigen Ringens!

Auch hegt Jesus keinerlei Illusionen über das Faustrecht in einer noch unerlösten Welt, in der Rüstung und Frieden oft eng miteinander verbunden sind: ,,Wenn ein Starker wohlgerüstet seinen Palast bewacht, so bleibt das Seine in Frieden. Wenn aber ein Stärkerer über ihn kommt und ihn überwältigt, so nimmt er ihm seine Rüstung, darauf er sich verließ, und teilt den Raub aus" (Lk 11,21–22).

Der Bergprediger weiß auch um den Zwang zum geschichtlichen Realismus, um die Notwendigkeit, Kompromisse zu schließen, und um die Kriegslust der Machthaber. Mit seinen Worten: ,,Wenn ein König mit einem anderen König Krieg führen will, setzt er sich dann nicht zuvor hin und überlegt, ob er mit zehntausend Mann dem entgegentreten könne, der mit zwanzigtausend gegen ihn heranrückt? Kann er das nicht, so schickt er eine Gesandtschaft ab ... und bittet um Frieden" (Lk 14,31–32).

Frieden bedeutet demnach: Unruhe, voller Einsatz, Konfliktbewältigung, Auseinandersetzung und Wagnis. Billiger ist der Frieden auf Erden nicht zu haben.

Aus dem Munde Jesu kommt auch die ernüchternde Diagnose, daß ,,die Herrscher ihre Völker unterjochen und die Machthaber den Menschen Gewalt antun" (Mt 20,25). Dieser Mißbrauch politischer Macht wird von Jesus keineswegs gutgeheißen, wohl aber als bedauerliche Lebenstatsache nicht verdrängt.

Auch diese Aussagen müssen bei der Berglehre berücksichtigt werden, die zwar das Herzstück, aber nicht die ganze Lehre Jesu beinhaltet. In den Worten des Vorsitzenden des Rates der Evangelischen Kirche in Deutschland, Landesbischof Eduard Lohse: ,,Die Bergpredigt ist nicht zu haben ohne den Bergprediger."

Das heißt wohl auch, daß man Jesu *gesamter* Lehre Gehör schenken muß – auch den unbequemen Teilen –, um sich auf ihn berufen zu können und um seinem Glaubensgut gerecht zu werden. Auch für diese politischen Realitäten gilt das Jesuswort: ,,Die Wahrheit macht euch frei" (Joh 8,32); frei von Wunschdenken, Illusionen und weltfremden Vorurteilen; frei zum sachgerechten Handeln für einen Frieden, der die gesamte Wirklichkeit des Lebens, so wie sie eben ist, mit einbezieht und ihr Rechnung trägt. Wenn also Jesus nicht gesagt hat: ,,Widersteht dem Bösen nicht!" – was mag er wohl gesagt haben?

Auf der Suche nach Jesu ursprünglichem Wortlaut fällt der 8. Vers in Psalm 37 auf, an den nicht weniger als fünf andere Verse in der Berglehre anklingen (Verse 9, 11, 21, 22 und 29).

,,Wetteifert nicht im Unrecht-Tun", heißt es dort in poetischer Bibelsprache, wobei das letzte Zeitwort ,,leharea" vom griechischen Übersetzer offensichtlich als ,,dem Bösen" mißverstanden worden ist – ein häufiger Fehler der

Evangelisten, der der Vokallosigkeit der hebräischen Orthographie zuzuschreiben ist.

Ursprünglich gemeint war: Ausbruch aus dem Teufelskreis von Unrecht-Tun, das immer neues Unrecht heraufbeschwört; ein Durchbruch durch die unheilvolle Eskalation von gegenseitiger Vergeltung, die immer schlimmere Folgen mit sich bringt; Sprengung der angeblichen Sachzwänge, die Angst, Verdacht und Mißtrauen durch Gewalt bekämpfen wollen – positiv: den Mut aufbringen, dem Übel in den Arm zu fallen und den Gegner durch Klugheit und Güte zu entwaffnen.

Hier ergeht eine Aufforderung, diese Welt *nicht* den Übeltätern zu überlassen, um den Sieg des Guten ins Jenseits zu verschieben. Es gilt bereits hier auf Erden für Recht und Gerechtigkeit einzutreten, indem man dem Bösen möglichst gewaltlos widersteht! Nicht von ungefähr sagt Paulus: ,,Das Reich Gottes ist Gerechtigkeit, Friede und Freude im heiligen Geist" (Röm 14,17) – wobei die Gerechtigkeit zuerst kommt, als Grundlage und Vorbedingung des Friedens und der Freude.

Das bedeutet keineswegs Nachgiebigkeit gegen das Böse, sondern den Sieg über das Böse, dem man nicht auf seinem eigenen Boden entgegentritt, sondern ihm überlegen bleibt, indem Unrecht mit Recht, Lüge mit Wahrheit und Gewalt mit Geist bekämpft wird – *soweit das mit Nächstenliebe vereinbar ist*. Mit einem Wort: Du sollst größer sein als das Böse – und die Bösen –, um beide zu überwinden, aber auch um sie zu überleben. Denn mit deinem Dahingemordet-Werden ist niemandem auf Erden gedient –

auch dem lebendigen Gott nicht, der ein Gott des Lebens und nicht der Toten ist, wie der Psalmist wiederholt betont (vgl. Ps 115,17; Ps 6,6; Ps 118,17 etc.).

Ganz in diesem Sinne schreibt auch Karl Rahner: ,,Solange diese Weltzeit besteht, kann im privaten und im öffentlichen Leben gerade diese nüchtern-sachliche, harte, auch Gewalt anwendende Gerechtigkeit die irdische Gestalt der selbstlosen Liebe sein, die vielleicht auch zugunsten des anderen den Mut haben muß, so auszusehen, als ob sie lieblos sei" (Schriften zur Theologie, Einsiedeln 1967, Band VIII, S. 703).

Besser als Matthäus, sicherlich früher als alle vier Evangelisten hat der des Hebräischen kundige Paulus den Sinn der jesuanischen Ethik verstanden, derselbe Heidenapostel, der sogar Petrus, dem Haupt der Urgemeinde, öffentlich ins Angesicht ,,widerstanden hat" (Gal 2,11 ff), wie er sich im Galaterbrief rühmt. Er hätte sich wohl kaum seines Widerstandes gerühmt, hätte ihn sein Herr und Heiland verboten.

Von der schöpferischen, streitbaren Liebe, die die aufgezwungene Auseinandersetzung nicht scheut und sich nicht kleinkriegen läßt, schreibt der Heidenapostel im 12. Kapitel seines Römerbriefes, wo er eine Kurzfassung der Berglehre bringt: ,,Wenn möglich, so viel an euch liegt, lebt mit allen Menschen in Frieden" (Röm 12,18), wobei die ersten sieben Worte ganz unzweideutig sowohl gegen wehrlose Unterwerfung als auch gegen ein Sich-heraus-Halten aus unvermeidlichen Konflikten plädieren. Ein sachlich und moralisch einwandfreier Vorschlag, der sowohl mit Jesu

Entfeindungsliebe als auch mit seiner Lehre vom möglichst gewaltlosen Widerstand übereinstimmt – *ohne* auf Menschenwürde, auf Notwehr und auf Friedfertigkeit zu verzichten.

Ein letztes: Jesus selbst hat, wie jeder große Lehrer, sich selbst noch schwerere Pflichten auferlegt, als er von seinen Jüngern gefordert hat. In seiner Abschiedsrede sagte er, halb wehmütig, halb ergeben: „Größere Liebe hat niemand als die, daß er sein Leben hingibt für seine Freunde" (Joh 15,13). Und kurz darauf läßt er dem Wort die Tat der Selbstaufopferung folgen.

Doch solche Selbstlosigkeit hat er niemandem befohlen noch auferlegt. Sie bezeugt einen Seelenadel, der das Sondergut der Einzigartigen bleibt. Von solchem Heldentum der Nächstenliebe sprechen aber weder die Berglehre noch die Gleichnisreden Jesu. Nur sein Vorbild hat es vermocht, eine kleine moralische Elite zu beseelen, die keiner Predigt oder Belehrung bedurfte oder bedarf.

Die Fülle der Vernunft

Was bedeutet all dies heutzutage, so mag der Leser nun fragen. Was geht das uns und unsere Kinder an?

Ich glaube, diese Ratschläge bieten die einzige reelle Alternative zu einem Kollisionskurs der atomaren Überrüstung, der zum Selbstmord der Menschheit führen könnte. Wer unsere heutigen politisch-militärischen Realitäten bis zur letzten Konsequenz durchzudenken wagt, der kann kaum umhin, das Ethos dieser Berglehre, das die Interessen des Gegners den eigenen gleichstellt – keineswegs über sie stellt –, als vernünftig anzuerkennen.

Unvernünftig hingegen wären der „normale" Egoismus der endlosen Sucht nach ängstlicher Überlegenheit, das uralte Freund-Feind-Denken der Schwarz-Weiß-Maler und die Aufrechnungen von „Wie-du-mir-so-ich-dir"!

Vernünftig hingegen ist die längst überfällige Beherzigung einer biblischen Binsenwahrheit, die heute aktueller ist denn je: daß nämlich der so heiß ersehnte Friede weder in der Schlagkraft von Waffen noch in der Wucht der „Abschreckung" (ein schreckliches Wort) zu finden ist, sondern letzten Endes nur im Herzen des Gegners, den du selbst entfeinden und befreunden mußt.

Die Fülle der Vernunft aber besteht heute darin, die Berglehre *allmählich* aus den Gotteshäusern und den Theologischen Fakultäten heraus und Schritt für Schritt in die Parlamente und Außenämter hinein zu tragen, wo sie hingehört.

Das würde bedeuten, mit der goldenen Regel zu beginnen, der Mitte der Berglehre, denn darin „besteht das Gesetz und die Propheten" (Mt 7,12): „Alles nun, was ihr wollt, das euch die Leute tun sollen, das tut ihnen auch" (Mt 7,12).

Das gilt von der Sozialfürsorge über die Abrüstungskonferenzen bis hin zur Regelung aller internationalen Konflikte. Denn Nächstenliebe und Entfeindungsdienst sind heute keine frommen Wünsche mehr, kein Thema andächtiger Sonntagspredigten, sondern das dringliche Diktat einer langfristigen, aber unaufschiebbaren Ausgleichsstrategie:

Eine Welt – oder keine!

Auskommen – oder umkommen!

Den Krieg abschaffen – ehe er uns abschafft! Das ist die eindeutige Alternative, die sich den Bewohnern unseres Planeten mit steigender Brisanz aufdrängt. Es ist im Grunde die uralte Wahl zwischen Gut und Böse, klug und töricht (Mt 7,24–26), Segen und Fluch (Dtn 30,19), vor die uns auch die Bibel stellt.

„Weit ist die Pforte und breit ist der Weg, der ins Verderben (des Krieges) führt, und ihrer sind viele, die darauf wandern", so heißt es am Ende der Berglehre. Hier werden die Voreiligen und Unschlüssigen gewarnt; den Besonnenen jedoch wird Mut gemacht: „Eng ist die Pforte und schmal ist der Weg, der zum (friedlichen) Leben führt" (Mt 7,13 f).

Der Lauf der Welt – nach der Sintflut und vor der Ankunft des Messias

„Krieg soll nach dem Willen Gottes nicht sein!" So heißt es in kirchlichen Verlautbarungen, die sich mit Recht auf die Berglehre berufen.

Aber auch Rufmord soll nicht sein, nicht Ehebruch, nicht Meineid, nicht Neid und nicht Nächstenhaß – alles friedensfeindliche Störfaktoren, die dieselbe Berglehre ebenso verbietet, aber bis heute nicht aus der Welt zu schaffen vermochte.

Vor allem aber soll kein Krieg sein um des Friedens zwischen Bürgern desselben Staates willen, die allesamt auf verschiedenen Wegen mit Redlichkeit den Frieden zu festigen gewillt sind. Denn was für ein Frieden mag das wohl sein, der durch Parteistreit, Vertrauensschwund und Bruderzwist errungen werden soll?

In einer Welt, in der die Besitzer der Waffenarsenale noch immer das Sagen haben, gilt das alte Beduinensprichwort: Zum Frieden braucht man zwei; zum Krieg langt einer. Diesen „einen" – wer immer er auch sei – kann nur eines von seinem Vorhaben entmutigen: die Verteidigungsfähigkeit des anderen.

Dies ist seit Kain der Lauf der Welt, den weder Moses noch Jesus bislang zu ändern vermochten – was uns keineswegs nötigt, uns mit der Amoralität der Weltgeschichte abzufinden. Im Gegenteil! Aber „Weisheit ist zwar besser als Kriegswaffen, doch ein einziger Bösewicht verdirbt viel Gutes" (Koh 9,18).

Die Konsequenz liegt auf der Hand: Umsicht, Ausdauer und zähe Beharrlichkeit können dem Ethos der Bibel schrittweise auch zur politischen Geltung verhelfen. Bruderzwist und Bürgerstreit, von der Berglehre verpönt, werden es gewiß nicht schaffen. Denn, wie Jesus lehrt, „ein jeglicher Staat, wenn er mit sich selbst uneins ist, wird verwüstet; ein Haus, uneins mit sich selbst, kann nicht bestehen" (Mt 12,25).

Als der Stammvater Jakob, der den Rabbinen als Vorbild der Friedfertigkeit gilt, nach langjähriger Abwesenheit nach Haus zurückkehrte, da zog ihm sein Bruder Esau entgegen, den sein Vater als Mann der Gewalt bezeichnet hatte, der „durch sein Schwert leben wird" (Gen 27, 40). Als es zur Begegnung kam, berichtet uns die Bibel: „Da fürchtete sich Jakob sehr, und ihm wurde bange" (Gen 32,7)

Die mündliche Überlieferung betont, daß hier keine poetische Verdoppelung vorliegt, sondern daß Jakob fürchtete, getötet zu werden – aber zugleich war ihm bange davor, daß er vielleicht seinen Bruder in Selbstwehr töten könnte. Beides war ihm Grund zur Angst – aber dieser Zwiespalt gehört nun einmal zu unserem Menschenlos, und kein Wegwünschen wird ihn beseitigen können.

Unbeschränkte Wehrlosigkeit führt letzten Endes zur Errichtung von Tyrannei. Gewaltbejahung führt zum Massenmord und zum Zerfall der gesellschaftlichen Ordnung. Beides hat Europa in unseren Tagen erlitten.

„Der Herr wird seinem Volk Kraft geben; der Herr wird sein Volk segnen mit Frieden." Dieses Psalmzitat (Ps 29,11), das zum alltäglichen Tischgebet des Judentums gehört, drückt in lakonischer Kürze die Hoffnung einer nachsintflutlichen und vormessianischen Menschheit aus. Im Klartext besagt es: *Zuerst* wird Gott Seinem Volk die Kraft (zur Selbstwehr) schenken, um ihm *danach* den Frieden zu ermöglichen.

Kurzum: In einer noch unerlösten Welt, in der „Furcht und Schrecken" (Gen 9,2) zum unwiderruflichen Gottesbund mit Noah und all seiner Nachkommenschaft gehören, ist ein Rest von Gewalt nicht abschaffbar. Mehr noch: Totaler Gewaltverzicht käme in unserer heutigen Weltordnung einer Einladung der Gewalthaber zur Vergewaltigung der Wehrlosen gleich.

Das gilt auch für die zwischenmenschlichen Beziehungen innerhalb von Staaten. Rabbi Chanina, ein Zeitgenosse der christlichen Urgemeinde in Jerusalem, pflegte zu sagen: „Bete für das Wohl der Regierung, denn wäre nicht die Furcht vor ihr, so würde einer den anderen lebendig auffressen" (Abot III,2).

Mit unverminderter Gültigkeit heißt das in unseren Tagen: Ohne demokratisch gewählte und abwählbare „Obrigkeit", die kontrollierbare Staatsgewalt mit Zurückhaltung ausübt, würde sich die menschliche Gesellschaft in einen Krieg aller gegen alle auflösen, denn für eine obrigkeitslose Anarchie der Liebe sind wir alle noch lange nicht reif.

An uns liegt es jedoch, mit kleinen Schritten und unermüdlicher Geduld die Ankunft jener Zeit herbeizubringen, in der „kein Volk wider das andere das Schwert erheben wird, und sie werden hinfort *nicht mehr lernen*, Krieg zu führen" (Jes 2,4).

Was die geduldigen, duldsamen Bemühungen um diese weltweite Befriedung betrifft, frommt es, das weise Wort aus den „Sprüchen der Väter" zu beherzigen: „Dein ist es nicht, das Werk zu vollenden; du bist aber auch nicht frei, dich deines Anteils am Werk zu entziehen" (Abot II,21).

Friede ist möglich

Friede ist sicherlich möglich, aber er fällt nicht vom Himmel noch stand er je am Anfang, sondern er ist seit Menschengedenken das Endergebnis langwieriger, schwieriger Bemühungen.

Friede war nie eine konfliktlose Idylle, er kommt nicht von allein, noch geschieht er, und haben kann man ihn erst recht nicht – auf die Dauer.

Friede muß, wie Jesus sagt ,,gemacht'' werden (Mt 5,9) – in harter Kleinarbeit, in der erfinderischen Suche nach Kompromissen, auf der Jagd nach Teillösungen und im unermüdlichen Ringen mit dem Unfrieden, der überall droht, wo fehlbare Menschen zusammenleben.

Ich habe Angst vor den Vereinfachern, die das komplizierte Gewebe internationaler Beziehungen zu einer Schwarz-Weiß-Malerei reduzieren, in der es nur eine gute Abrüstung und eine böse Aufrüstung gibt. Wir sollten – wie Jesus – mehr Phantasie entwickeln, um die tausend Zwischennuancen von Grau zu entdecken, die der Widersprüchlichkeit des Lebens viel besser gerecht werden.

So edel es auch klingen mag, die einseitige Abrüstung zu verlangen, so friedenshemmend ist es, eine Vogel-Strauß-Theologie zu empfehlen, die entweder den Ausstieg aus dieser selbstzerfleischten Welt fordert oder sich weigert, das Böse in uns und rings umher als Lebensbedrohung ernst zu nehmen.

Die ,,Bergpredigt'' als Sofortrezept zur Befriedung einer Welt anzubieten, die seit Jahrtausenden eine ,,Talpredigt'' praktiziert, erinnert an das alte Sprichwort: Der Weg zur Hölle ist mit guten Vorsätzen gepflastert.

Das Friedensprogramm der Berglehre ist eine Vision, die wir nicht preisgeben dürfen. Wehe uns, wenn wir das tatkräftige Hoffen verlernen! Wehe uns aber auch, wenn wir eine Hoffnung mit wirklichen Gegebenheiten verwechseln!

Das sind die Hörner unseres Dilemmas, zwischen denen es „den schmalen Pfad" (Mt 7,14) einer Gratwanderung zu finden gilt, um die Friedensliebe und die Verteidigungsnot zu einer konstruktiven Synthese zu vereinen – im vollen Bewußtsein, daß es weder risikolose noch ideale Lösungen geben kann. Unter diesen Umständen kann Jesu *richtig* verstandene Berglehre zur Grundlage einer Realpolitik des Überlebens werden – als Wegweiser zum Weltfrieden hin.

„Ich habe euch Leben und Tod, Segen und Fluch vorgelegt, damit du das Leben wählst und am Leben bleibst, du und deine Nachkommen" (Dtn 30,19).

DIE BERGLEHRE[1]

Neuübersetzung von Mt 5–7
unter Berücksichtigung der rabbinischen Lehr-
methoden und der jüdischen Muttersprache Jesu

5

(1) Als Jesus die Volksmenge sah,
   stieg er auf den Berg[2],
   und als er sich gesetzt hatte,
   traten seine Jünger an ihn heran.

---

[1] Berglehre: Dreimal wird diese Rede auf dem Berge als
„Lehre" bezeichnet: 5,2; 7,28. 29. Das Wort „Predigt"
kommt in den drei Kapiteln Mt 5–7 überhaupt nicht vor.
Für Einzelheiten siehe mein Buch „Die Bergpredigt –
Utopie oder Programm", Mainz [3]1983, S. 17 (abgek.:
„Die Bergpredigt").

[2] *Der* Berg: Wenn in der rabbinischen Literatur von *dem*
Berg ohne weitere Ortsbestimmung die Rede ist, wird im
allgemeinen auf den Sinaiberg der Gesetzgebung ange-
spielt. Hiermit will nicht gesagt sein, daß Jesus Hunderte
von Kilometern von seiner Heimat bis zum Sinai wander-
te, sondern daß es sich hier um eine Lehrverkündigung,
nicht bloß um eine Predigt handelt. Für Einzelheiten siehe

(2) Hierauf tat er seinen Mund auf[3],
lehrte sie und sprach:

(3) Glückselig[4] sind die, die vor Gott und der Welt
arm sind,
denn ihrer ist das Königtum Gottes.[5]

(4) Glückselig sind die Trauernden,
denn Gottes Trost ist ihnen gewiß.[6]

(5) Glückselig sind die Sanftmütigen,
denn sie werden das Land (Israel) erben (Ps 37,11).

„Die Seligpreisungen – ein Glaubensgespräch", P. Lapide
und C. F. von Weizsäcker, München 1980, S. 16. (abgek.: „Die Seligpreisungen").

[3] „Seinen Mund auftun": Hebraismus, der eine propheti-
sche Aussage oder Weisheitslehre einleitet. Vgl. Ri 11,35;
1 Sam 2,1; Ps 78,2; Spr 31,8; Spr 31,26; Dan 10,16.

[4] „Glückselig" ist dem Hebraismus „aschrej" am nächsten, der sowohl ein Glücksgefühl als auch die gottgege-
bene Seligkeit zum Ausdruck bringt. Für Einzelheiten
siehe „Die Bergpredigt", S. 35.

[5] „Himmelreich" ist die fromme jüdische Umschreibung
für die Alleinherrschaft Gottes, in der einst Wahrheit, Gerechtigkeit und Schalom auf Erden regieren werden.

[6] „Getröstet werden" ist, genau wie in Mt 5,6 und
Mt 5,7, das Passivum Divinum, das Gott als Urheber de-
mütig umschreibt, um Ihn nicht durch allzu häufige Be-
nennung zu zerreden.

(6) Glückselig sind, die nach dem Recht-Schaffen
hungern und dürsten,
denn Gott wird sie sättigen.[6]

(7) Glückselig sind die Barmherzigen,
denn sie werden Gottes Barmherzigkeit erfahren.[6]

(8) Glückselig sind die Herzensreinen,
denn sie werden Gott schauen.[7]

(9) Glückselig sind die, die Frieden schaffen (Jes 27,5),
denn sie werden Söhne Gottes heißen.

(10) Glückselig sind die, die um der Gerechtigkeit
willen Verfolgung leiden,
denn ihrer ist das Königtum Gottes.

(11) Glückselig seid ihr, wenn man euch schmäht
und verfolgt und um meinetwillen verleumdet.

(12) Freut euch und seid froh darüber,
denn groß ist euer Lohn dafür im Himmel.
Genauso hat man ja die Propheten vor euch
verfolgt!

(13) Ihr seid das Salz der Erde!
Wenn aber das Salz schal wird,
womit soll man es salzen?
Es taugt zu nichts mehr,
als hinausgeworfen und zertreten zu werden.

---

[7] Gott schauen: Für die Vielsinnigkeit dieses Ausdrucks
siehe „Die Seligpreisungen" S. 81 ff.

(14) Ihr seid das Licht der Welt!
Eine Stadt, hoch auf dem Berge,
kann nicht verborgen bleiben.

(15) Man zündet auch keine Lampe an,
und stellt sie unter einen Eimer,
sondern auf einen Leuchter,
denn dann strahlt sie für alle im Haus.

(16) So laßt auch euer Licht vor den Menschen
aufleuchten,
damit sie eure guten Taten sehen
und euren Vater im Himmel (dafür) preisen.

(17) Glaubt ja nicht, ich sei gekommen,
um die Tora[8] und die Propheten aufzuheben!
Nicht um aufzuheben bin ich gekommen,
sondern um zu erfüllen![9]

---

[8] „Das Gesetz" (griech.: nomos) ist eine einengende Fehlübersetzung des Fünfbuches Mosis, das „die Tora" heißt, was am besten als „Gottes Weisung" übertragen wird. Für Einzelheiten siehe „Die Bergpredigt" S. 21 ff.
[9] Zur Ungenauigkeit der Wiedergabe durch das Wort „erfüllen" siehe „Die Bergpredigt" S. 24 f.

(18) Denn wahrlich, ich sage euch:
     Bis Himmel und Erde vergehen,
     wird nicht ein Jota und nicht ein i-Tüpfelchen[10]
     von der Tora vergehen,
     bis alles (in ihr Geschriebene) geschehen wird.
(19) Wer nur eines von diesen geringsten Torageboten
     aufhebt
     und dies die Leute lehrt,
     der wird zu gering sein,
     um ins Königtum Gottes zu kommen.[11]
     Wer sie aber hält und die Leute (in ihrer Einhaltung)
     belehrt,
     der wird groß sein im Königtum Gottes.

---

[10] Mit „Häkchen" oder „Tüttelchen" sind die Beto-
nungszeichen in den Torarollen gemeint, die noch kleiner
als ein Jota, der kleinste Buchstabe im hebräischen Alpha-
bet sind. Sinngemäß entspricht ihnen das deutsche „I-
Tüpfelchen".
[11] Jesus kann kaum gesagt haben, daß einer, der „eines
der geringsten Gebote auflöst", zwar „der kleinste heißen
wird", aber dennoch ins Gottesreich kommen werde.
Denn dies würde ja den Grundtenor dieser Präambel Lü-
gen strafen und zum Torabruch ermuntern, um so mehr,
als ja im Gottesreich „viele der ersten die letzten sein und
viele der letzten die ersten sein werden" (Mt 19,30).

(20) Ich sage euch:

Wenn euer Recht-Schaffen nicht das der Schrift-
ausleger und Pharisäer[12] übertrifft,[13]

werdet ihr nicht in das Königtum Gottes gelangen.

---

[12] „Die Pharisäer". In der Neuausgabe der „Jerusalemer
Bibel" (wie ähnlich auch in etlichen anderen Bibelüberset-
zungen) steht als Randbemerkung zu Mt 3,7: „Pharisäer:
Jüdische Sekte, Eiferer für die Befolgung des Gesetzes; die
übertriebene Anhänglichkeit der Pharisäer an die mündliche Überlieferung ihrer Lehrer führte zu einer überstei-
gerten, spitzfindigen Kasuistik." Das abgedroschene Kli-
schee lebt also noch immer weiter – ohne ein einziges Wort
hinzuzufügen über den schöpferischen Einfluß dieser
Schule auf die Entwicklung des gesamten nachbiblischen
Judentums.

Auch fällt kein Wort in den meisten christlichen Reli-
gionsbüchern über ihren Heldenmut, der 6000 von ihnen
zur Zeit der Kindheit Jesu veranlaßte, den Treueeid auf
den heidnischen Kaiser in Rom unter Lebensgefahr zu
verweigern; über ihre Gelehrsamkeit, die u. a. Hillel ver-
körperte, der vielleicht zu den Lehrern des jungen Jesus
gehörte; über ihre Liebe für das schlichte Volk und ihre oft
selbstlose Praxis der Nächstenliebe. Zweifelsohne gab es
unter ihnen, wie in allen Glaubensgemeinschaften,
Scheinheilige und Frömmler, die nicht nur das Evange-
lium, sondern auch der Talmud anprangert – aber *alle* Pha-

risäer zu Heuchlern zu stempeln, ist so ungerecht, wie alle Jesuiten zu Hypokriten zu erklären.

Jesus eiferte *gegen* die falschen „Pharisäer" – *zugunsten* des wahren Pharisäertums. In den Worten der Rabbinen: Er war gegen die „Schulterpharisäer", die ihre Frömmigkeit vor allen zur Schau trugen; gegen die „Buchhalterpharisäer", die eine Sünde begingen und dann eine gute Tat verrichteten, um eines mit dem anderen auszugleichen; gegen die „Prahlpharisäer", die sagten: Du mußt mir Geld borgen, denn ich bin mit der Erfüllung göttlicher Gebote beschäftigt; gegen die „Heuchelpharisäer", die da sagten: Kann ich alles, was ich habe, hingeben, um ein Gebot zu erfüllen? Gegen die „Aufschubpharisäer", die um Aufschub baten, um ein frommes Werk zu tun, und gegen die „Furchtpharisäer", die aus Furcht handelten wie Ijob – aber er war für die „Liebespharisäer", die aus Liebe allein „die göttlichen Gebote erfüllen wie Abraham" (Berachot IX,6).

Diesen letzteren, von denen der Talmud betont, „sie sind die besten von allen", stand nicht nur Jesus nahe, wie seine volkstümliche Didaktik, seine Gleichnisse, seine Ethik und seine Liebe zum einfachen Volk beweisen, sondern auch die meisten seiner Freunde und Anhänger.

So war Jesus des öfteren als Gast bei Pharisäern eingeladen (Lk 11,37 und 14,1); „einige Pharisäer" warnten Jesus vor der Hinterlist und dem Mordplan des Herodes (Lk 13,31).

Nikodemus, der Pharisäer, kam zu Jesus bei Nacht und bekannte: ,,Rabbi, wir wissen, daß du als Lehrer von Gott gekommen bist" (Joh 3,1–2).

Pharisäer war auch ,,der angesehene Ratsherrr" Joseph von Arimathia, der Jesu Leichnam von Pilatus erbat, um ihn ehrenvoll nach jüdischem Ritus zu bestatten.

Das Leben der verfolgten Apostel der Urkirche rettete der Pharisäerfürst Rabbi Gamaliel, indem er sie mit Erfolg vor dem Synhedrium verteidigte und ihre Freilassung erwirkte (Apg 5,38–39).

Und als Pharisäer und Schüler desselben Gamaliel bekennt sich stolz Paulus in Jerusalem (Apg 22,3).

Schließlich sprach Jesus den Pharisäern nie die Lehrgewalt ab, sondern predigte: ,,Alles, was sie (die Pharisäer) euch sagen, das tut und befolgt!" (Mt 23,3).

Wichtig ist hier bei Mt 5,20, daß Jesus den ,,Schriftauslegern und Pharisäern", die Matthäus elfmal zu einer klischeeartigen Einheitsfront gegen Jesus hochstilisiert, keineswegs das ,,Recht-Schaffen" abspricht, genau wie er in Mt 23,3 ihre Lehre ausdrücklich als verpflichtend bejaht – nur werden sie Jesu radikaler Toraverschärfung, die er als Einlaß-Schwelle zum Gottesreich erachtet, nicht gerecht.

[13] Zur sogenannten ,,besseren Gerechtigkeit" siehe ,,Die Bergpredigt" S. 26–31.

(21) Ihr habt (in der Synagoge) gehört, daß geschrieben
steht:[14]
„Du sollst nicht morden!"[15] (Ex 20,13; Dtn 5,17).
Wer aber mordet, soll dem Gericht verfallen.

(22) Und ich sage euch[16]:
Es genügt, seinem Bruder (auch nur) zu zürnen,
um dem Gericht zu verfallen;
wer aber zu seinem Bruder sagt: „Dummkopf!",
der verfällt dem Urteil des Hohen Rates.
Wer aber gar zu ihm sagt: „Du Gottloser!",
der wird der Feuerhölle verfallen.[17].

(23) Wenn du nun deine Opfergabe zum Altar bringst
und du dich unterwegs daran erinnerst,
daß dein Bruder etwas gegen dich hat,

---

[14] „Ihr habt gehört" und „es ist (den Alten) gesagt worden" sind die üblichen Einleitungsformeln für Schriftzita-
te. Ihr eigentlicher Sinn ist also: „Es steht geschrieben..."
[15] Nicht „töten" steht im Zehngebot, sondern „morden", was sich nur auf böswillige Tötung von Mitmenschen bezieht.
[16] „Ich aber sage euch" ist ungenau übersetzt und macht
den falschen Eindruck einer „Antithese", die weder der
Wortlaut noch der Inhalt der jesuanischen Tora-Radikali-
sierungen rechtfertigt.
[17] Für Einzelheiten zum Dreierschritt dieser Steigerung
im Mißverhalten zum Bruder siehe „Die Bergpredigt"
S. 52 ff.

(24) so laß deine Gabe dort vor dem Altar liegen
und geh zuerst zu deinem Bruder
und versöhne dich mit ihm;
dann erst komm zurück und bring dein Opfer dar.[18]

(25) Nicht erst vor Gericht, sondern schon auf dem Weg dahin
sollst du dich mit deinem Gegner schnellstens ausgleichen –
bevor er dich dem Richter übergibt,
der Richter dich dem Wärter ausliefert
und man dich ins Gefängnis wirft.

(26) Von dort, das sage ich dir allen Ernstes,
kommst du nicht eher heraus,
bis du den letzten Pfennig zurückerstattet hast.

(27) Es steht geschrieben[14]:
„Du sollst nicht ehebrechen!"
(Ex 20,13f; Dtn 5,17f).

(28) Und ich sage euch:[16]
Jeder, der eine verheiratete Frau[19] begehrlich anschaut,
der hat schon in seinem Herzen mit ihr Ehebruch begangen.

---

[18] Zum tieferen Sinn dieser Priorität der „horizontalen" Versöhnung siehe „Die Bergpredigt" S. 56f.

[19] Hinter der griechischen Vokabel „Frau" steht das hebräische „Ischa", die eine verheiratete Frau bezeichnet, die zu Jesu Zeiten als solche schon von weitem durch ihre

(29) Wenn dich dein rechtes Auge zur Sünde reizt,
    dann reiß es aus und wirf es weg!
(30) Und wenn dich deine rechte Hand
    zur Sünde reizt,
    dann hau sie ab und wirf sie weg!
    Denn es ist besser für dich,
    eines deiner Glieder zu verlieren,
    als daß dein ganzer Leib zur Hölle fahre.
(31) Ebenso steht geschrieben:
    „Wer seine Frau wegschickt, der muß ihr
    einen Scheidebrief geben" (Dtn 24,1).
(32) Und ich sage euch:
    Jeder, der seine Frau wegschickt,
    es sei denn wegen Unzucht,
    gibt Anlaß, daß an ihr die Ehe gebrochen werde,
    und zwar: Wer die Geschiedene heiratet,
    der bricht mit ihr die Ehe.[20]

Haartracht und Haube erkennbar war. Nur bei der „Gattin" (eines anderen) hat hier die Warnung vor dem Ehebruch den biblischen Sinn, den Jesus seiner Gebotserschwerung gibt.

[20] Der Mann, der sich von seiner Frau scheidet, hat sie, die nun einen anderen heiraten kann, damit zum Bruch der noch bestehenden ersten Ehe gebracht – denn, „was Gott zusammengefügt hat, soll der Mensch nicht trennen" (Mt 19,9), wie Jesus es biblisch begründet. Ausgenommen ist die Unzucht, denn durch sie wurde ja die Ehe schon *de*

(33) Ferner steht geschrieben:
„Du sollst keinen Meineid schwören" (Lev 19,12),
sondern: „Du sollst dem Herrn deine Eide
halten" (Num 30,3; Dtn 23,22).

(34) Und ich sage euch:
Schwört überhaupt nicht!
Weder beim Himmel, denn er ist Gottes Thron
(Ps 11,4),

(35) noch bei der Erde, denn sie ist sein Fußschemel
(Ps 99,5),
noch bei Jerusalem,
denn sie ist die Stadt des großen Königs (Ps 48,3).

(36) Auch sollst du nicht bei deinem Haupt schwören,
denn du kannst ja nicht einmal
ein einziges Haar weiß oder schwarz machen.

(37) Es sei daher eure Rede:
Ja heißt ja,
nein heißt nein.
Was darüber hinausgeht, ist vom Bösen.[21]

(38) Es steht geschrieben:
„Gib Aug um Auge und Zahn um Zahn!"
(Ex 21,24)[22]

---

facto gebrochen, so daß der Scheidebrief diesen Bruch
nachträglich nur *de jure* bestätigt (für Einzelheiten siehe
„Die Bergpredigt" S. 59–73).

[21] Zum Schwurverbot und seiner Tiefendimension siehe
„Die Bergpredigt" S. 73–79.

[22] Zur Korrektur dieses Rumpfzitates siehe oben S. 57.

(39) Und ich sage euch:
„Wetteifert nicht im Unrecht-Tun!" (Ps 37,8)[23]
Wenn jemand dich (mit dem Handrücken) auf
die rechte Wange schlägt,[24]
dem biete auch die andere dar!

(40) Wenn dich einer vor Gericht bringen will,
um dir deinen Rock zu pfänden,
dem biete auch deinen Mantel dar![25]

(41) Und wenn einer dich (im Frondienst) zwingt,
eine Meile weit mit ihm zu gehen,
mit dem geh zwei![26]

(42) Wer dich bittet,
dem gib,
und wer von dir borgen will,
den weise nicht ab!

---

[23] Zur Korrektur dieses Übersetzungsfehlers siehe oben S. 65 ff.

[24] Zur Unmöglichkeit, jemanden, der vor einem steht, auf die *rechte* Backe zu schlagen, siehe oben S. 40 f.

[25] Für Einzelheiten siehe „Die Bergpredigt" S. 109–116.

[26] Zum Prinzip der „zweiten Meile" siehe oben S. 25 ff.

(43) Es steht (in der Tora) geschrieben:
„Du sollst deinen Nächsten lieben
wie dich selbst;
ich bin der Herr!" (Lev 19,18)[27]

(44) Und ich sage euch:
Erweist euren Gegnern Liebesdienste[28]
und betet für die, die euch verfolgen,

(45) damit ihr Söhne eures Vaters im Himmel werdet!
Denn Er läßt seine Sonne aufgehen
über Böse und Gute
und läßt Regen fallen
auf Gerechte und Ungerechte zugleich.

(46) Wenn ihr aber nur diejenigen liebt,
die euch lieben,
welchen Lohn könnt ihr dafür erwarten?
Tun denn nicht sogar die Steuereintreiber
dasselbe?

(47) Und wenn ihr nur euren Brüdern den
Friedensgruß entbietet,
was tut ihr da besonderes?
Tun denn nicht sogar die Heiden dasselbe?

---

[27] Zur Korrektur dieser Zitat-Entstellung siehe oben
S. 14 ff.
[28] Zum ursprünglichen Sinn der jesuanischen Entfeindungsliebe siehe oben S. 21 ff.

(48) Ihr aber sollt vollkommen sein,
wie euer himmlischer Vater vollkommen ist.[29]

6

(1) Hütet euch, euer Almosen öffentlich zu geben,
um eure Güte zur Schau zu stellen;
sonst habt ihr keinen Lohn dafür
bei eurem Vater im Himmel.
(2) Wenn du nun Almosen gibst,
so laß es nicht vor dir her posaunen,
wie es die Scheinheiligen tun
in den Bethäusern und auf den Straßen,
damit die Leute sie rühmen.
Wahrlich ich sage euch:
Sie haben ihren Lohn dahin.[30]

---

[29] Zu einer ganz anderen Möglichkeit, Mt 5,48 zu übersetzen, siehe ,,Die Bergpredigt" S. 123 f.

[30] Jesus spielt hier auf die altrabbinische Lohnlehre an, nach der zwar alle Gaben Gottes als unverdienter Gnadenlohn zu erachten sind, Er aber den Gottlosen und Sündern ihren ganzen ,,Lohn" bereits in dieser Welt ,,auszahlt", womit ,,er dahin ist" –, während Er den Gerechten möglichst wenig Lohn hienieden zukommen läßt, nur um ihr Gerechtsein voll und unverkürzt in der künftigen Welt zu belohnen (Abot I,3; Abot I,13; Dt Rabba 7 etc.).

(3) Wenn du ein Liebeswerk tust,
so laß deine linke Hand nicht wissen,
was deine Rechte tut,

(4) damit dein Liebeswerk im Verborgenen bleibe,
und dein Vater, der ins Verborgene blickt,
wird es dir vergelten.[31]

(5) Und wenn ihr betet,
so tut es nicht wie die Scheinheiligen,
die gerne im Bethaus
und an den Straßenecken stehend beten,
um den Leuten aufzufallen.
Wahrlich ich sage euch:
Sie haben ihren Lohn dahin.

---

[31] Im Talmud heißt es: ,,Wer Almosen im Verborgenen gibt, ist größer als Moses, unser Lehrer. Daher ist es wichtig, daß der Gebende nicht weiß, wem er gibt, und der Nehmende nicht weiß, von wem er die Gabe erhält" (Baba Mezia 10b). Zu diesem Zweck gab es im Jerusalemer Tempelbezirk ,,die Halle der Verschwiegenen", in der Vorsorge getroffen wurde, daß jeder seine Gabe niederlegen konnte, ohne daß der Empfänger die Identität seines Wohltäters und dieser den Namen des Empfängers seiner Gabe erfahren konnte.

(6) Wenn du aber betest,
so geh in deine Kammer,
verschließ die Türe,
und dann bete zu deinem Vater,
der im Verborgenen ist,
und dein Vater, der auch ins Verborgene sieht,
wird es dir vergelten.

(7) Wenn ihr betet,
so plappert nicht daher wie die Heiden,
die da meinen, erhört zu werden,
wenn sie viele Worte machen.

(8) Macht es nicht so wie sie;
denn euer Vater weiß schon, was ihr braucht,
noch bevor ihr ihn bittet.

(9) So nun sollt ihr beten:
Unser Vater im Himmel!
Geheiligt werde Dein (göttlicher) Name!

(10) Dein Königtum komme!
Dein Wille werde auf Erden getan,
so wie er im Himmel geschieht.

(11) Gib uns heute das uns zugemessene Brot

(12) und erlaß uns unsere Verschuldungen,
wie auch wir unseren Schuldigern vergeben
haben.[32]

---

[32] In Mt 6,12 heißt es ausdrücklich: „Wie auch wir vergeben *haben*" – was den falschen Eindruck zweier gleichzei-

(13) Laß uns nicht der Versuchung unterliegen,[33]
sondern errette uns vom Bösen!
Denn Dein ist das Reich und die Kraft und die Herr-
lichkeit in Ewigkeit, Amen.

(14) Wenn ihr nämlich den Leuten ihre Verfehlungen
vergebt,
so wird auch euer himmlischer Vater euch
vergeben.

(15) Doch wenn ihr ihnen nicht vergebt,
dann wird euer himmlischer Vater
euch eure Verfehlungen auch nicht vergeben.

(16) Wenn ihr fastet,
macht kein trauriges Gesicht,
wie es die Scheinheiligen tun,
die Trübseligkeit zur Schau stellen,
damit sie den Leuten als Fastende ins Auge
stechen.
Ich sage euch:
Ihr Lohn ist schon dahin.

---

tiger Vergebungen verhindert. Zur Tiefendimension dieser Stelle siehe ,,Die Bergpredigt" S. 56 ff.

[33] Gegen den anstößigen Wortlaut: ,,Führe uns nicht in
Versuchung" plädiert u. a. der Jesusbruder Jakobus in Jak
1,13–14.

(17) Du aber, wenn du fastest,
so salbe dein Haupt
und wasche dein Gesicht,
(18) damit du nicht den Leuten als Fastender
auffällst,
sondern nur dein Vater,
der im Verborgenen ist, soll es sehen,
und dein Vater, der auch das Verborgene
durchschaut,
wird es dir vergelten.
(19) Rafft keine Reichtümer auf Erden zusammen,
Wo Motten und Rost sie zerfressen
und wo Diebe einbrechen und sie stehlen.
(20) Sammelt euch vielmehr Schätze im Himmel,
wo weder Motten noch Rost zerstören
noch Einbrecher sie stehlen können.
(21) Bedenke wohl:
Wo dein Schatz ist, da ist auch dein Herz.
(22) Das Licht des Leibes ist das Auge.
Wenn nun dein Auge Wohlwollen ausstrahlt,[34]
so wird dein ganzer Leib von Licht erfüllt.

---

[34] „Ein gutes Auge" ist der Hebraismus für Wohlwollen
oder Gutmütigkeit.

(23) Wenn aber dein Auge durch Mißgunst trübe
wird,[35]
so wird dein ganzer Leib verfinstert.
Wenn so dein Licht erlischt,
wie groß wird dann die Finsternis!
(24) Niemand kann zwei Herren dienen.
Entweder wird er den einen zurücksetzen
und den anderen bevorzugen[36],
oder er wird einem anhangen
und den anderen verachten.
Ihr könnt nicht Gott dienen
und der Habgier zugleich!
(25) Darum sage ich euch:
Quält euch nicht mit Sorgen
um euren Lebensunterhalt,
was ihr essen und was ihr trinken sollt,
oder womit ihr euren Leib bekleiden sollt.
Ist denn nicht das Leben mehr als bloße Nahrung
und der Leib mehr als die Kleidung?

---

[35] „Ein böses Auge" ist der Hebraismus für Neid und
Mißgunst.

[36] „Hassen" und "lieben" als Kontrastpaar bedeuten auf
hebräisch im allgemeinen „Zurücksetzen" und „bevorzugen", wie zum Beispiel in Mal 1,2–3; Röm 9,13; Dtn
21,15 etc. Für Einzelheiten siehe „Die Bergpredigt"
S. 89f.

(26) Schaut doch auf zu den Vögeln des Himmels!
Sie säen nicht und ernten nicht,
noch speichern sie in Scheunen,
aber dennoch ernährt sie
euer himmlischer Vater.
Und ihr – seid ihr nicht kostbarer als sie?

(27) Wer aber unter euch kann
mit all seiner Sorgenlast
seine Lebensdauer um eine einzige Stunde
verlängern?

(28) Und was taugen eure Sorgen um die
Kleidung?
Schaut doch die Lilien auf dem Felde an!
Wie sie wachsen;
sie mühen sich nicht,
auch spinnen sie nicht.

(29) Und ich sage euch,
daß selbst König Salomo in all seiner Pracht
nicht so herrlich angezogen war
wie eine von diesen.

(30) Wenn aber Gott selbst das Feldgras,
das heute blüht und morgen verbrannt wird,
so prächtig kleidet,
um wieviel mehr dann euch,
ihr Kleingläubigen!

(31) Macht euch also keine unnützen Sorgen,
indem ihr fragt: Was sollen wir essen?
Oder: Was sollen wir trinken?
Oder: Was sollen wir anziehen?

(32) Nach all dem trachten ja die Heiden!
Euer himmlischer Vater weiß doch,
daß ihr das alles benötigt!

(33) Trachtet vielmehr zuerst nach dem Königtum
Gottes
und sucht nach seiner Gerechtigkeit!
All dies wird Er euch dann
als Zugabe schenken.

(34) Macht euch also keine unnützen Sorgen
um morgen;
denn morgen wird für sich selber sorgen.
Jeder Tag begnügt sich mit seiner Last.

7

(1) Verurteilt nicht,
damit Gott euch nicht verurteile![37]

(2) Denn wie ihr Recht sprecht,
so wird Gottes Richtspruch über euch sein.
Messen wird Er euch
mit demselben Maß,
mit dem ihr andere meßt.

(3) Was starrst du aber auf den Splitter
im Auge deines Bruders;
den Balken im eigenen Auge
aber übersiehst du!

---

[37] Hier und in der Folge steht wieder das Passivum Divinum als Umschreibung von Gott.

(4) Oder wie kannst du zu deinem Bruder sagen:
    Erlaube, ich will den Splitter aus deinem Auge
    entfernen –
    dabei steckt ein ganzer Balken
    in deinem Auge.
(5) Du Scheinheiliger!
    Zieh zuerst den Balken aus deinem Auge!
    Dann erst wirst du klar genug sehen,
    um den Splitter aus deines Bruders Auge
    zu ziehen.
(6) Gebt das Geweihte nicht den Hunden zum Fraß
    und werft eure Perlen nicht den Schweinen vor,
    damit sie sie nicht zertreten,
    sich gegen euch wenden,
    und euch in Stücke reißen.[38]

---

[38] ,,Hunde" galten zu Jesu Zeiten als Schimpfname für
Gottlose (Ex Rabba 9) und/oder für Heiden (Ps 59,7; Mt
15,26). ,,Schweine" oder ,,Säue" galten als Bezeichnung
für Heiden im allgemeinen, aber insbesondere für die Römer (ARN 34; Midrasch HL 4 etc.). ,,Perlen" sind ein
rabbinisches Synonym für treffliche Bibelauslegungen,
Weisheitssprüche oder Aphorismen, die auf einem
Schriftwort fußen. Der Satz in Mt 7,6 warnt in der Sprache
seiner Zeit die Jünger davor, ihre Lehre den Heiden preis-
zugeben.

(7) Bittet, und Gott wird euch geben (Ijob 5,14–15).
Sucht und ihr werdet finden (Dtn 4,29; Spr 8,17).
Klopft an, und Gott wird euch öffnen (Jer 29,13 f).

(8) Denn jeder Bittende empfängt (Ijob 5,14–15),
jeder Suchende findet (Dtn 4,29; Spr 8,17).

(9) Oder ist da einer unter euch,
der seinem Sohn einen Stein geben würde,
wenn er um Brot bittet?

(10) Oder ihm eine Schlange gäbe,
wenn er um einen Fisch bittet?

(11) Wenn nun ihr,
die ihr Sünder seid (Gen 6,5; 8,21),
euren Kindern gute Gaben zu geben wißt,
wieviel mehr wird dann euer Vater im Himmel
denen Gutes schenken,
die Ihn darum bitten (Ps 86,5)?

(12) Alles nun, was ihr wollt,
das euch die Leute tun,
das tut ihnen auch!
Darin liegt die Quintessenz
der Tora und der Propheten.

(13) Geht durch das enge Tor (des Recht-Schaffens)
hinein!
Denn weit ist das (andere) Tor
und breit ist der Weg,
der zum Verderben hinführt,
und viele sind es,
die auf ihm hinziehen.

(14) Eng aber ist das Tor
und schmal der Pfad (Ps 16,11),
der zum (ewigen) Leben führt,
und wenige sind es,
die ihn finden.

(15) Nehmt euch vor den Lügenpropheten in acht!
Sie kommen im Schafspelz zu euch;
inwendig aber sind sie reißende Wölfe.

(16) An den Früchten ihrer Taten könnt ihr sie
erkennen.
Pflückt man denn von Dornbüschen Trauben?
Oder von Disteln Feigen?

(17) So bringt jeder gute Baum gute Früchte;
der schlechte Baum aber bringt schlechte
Früchte.

(18) Ein guter Baum kann keine schlechte Frucht
bringen
und ein schlechter keine gute Frucht.

(19) Jeder Baum aber,
der keine gute Frucht bringt,
wird gefällt und ins Feuer geworfen.

(20) Kurzum: An ihren Früchten werdet ihr sie
erkennen!

(21) Nicht jeder, der Herr! Herr! zu mir sagt,
sondern wer den Willen meines Vaters im
Himmel tut,
der wird in das Königtum Gottes kommen.

(22) Viele werden an jenem Tage zu mir sagen:
Herr, haben wir nicht in deinem Namen
geweissagt (Jer 14,14)
und in deinem Namen böse Geister ausgetrieben
und in deinem Namen viele Machttaten vollbracht?

(23) Dann werde ich zu ihnen sagen:
Ich habe euch nie gekannt.
Geht weg von mir, ihr, die ihr Tora-Bruch begeht
(Ps 119,115).

(24) Jeder nun, der diese meine Worte hört
und sie auch tut,
der gleicht einem verständigen Mann,
der sein Haus auf den Felsen gebaut hat.

(25) Da fiel der Platzregen hernieder,
es kamen reißende Ströme,
die Winde bliesen und stürmten gegen
jenes Haus.
Aber dennoch stürzte es nicht ein.
Denn es war auf Fels gegründet.

(26) Wer hingegen meine Worte hört,
sie aber nicht tut,
der gleicht einem törichten Mann,
der sein Haus auf Sand gebaut hat.

(27) Da fiel der Platzregen,
die Wasserströme kamen,
die Winde bliesen und stürmten gegen
jenes Haus.
Da stürzte es ein und brach zu einem großen Trüm-
merhaufen zusammen.

(28) Und als Jesus diese Rede vollendet hatte,
     da erstaunte die Volksmenge über seine Lehre,
(29) denn er lehrte sie
     wie einer, der Macht hat,[39]
     und nicht wie ihre Schriftausleger.

---

[39] Nicht von der Hand zu weisen ist eine alternative Übersetzung zu der Wortgruppe ,,wie einer, der Macht hat", nämlich: ,,wie ein Parabelerzähler", denn das hebräische Wort ,,moschel" kann sowohl ,,Machthaber" als auch ,,Parabelerzähler" bedeuten.

Anton Maria Keim (Hg.) · Yad Vashem

Die Judenretter aus Deutschland*

160 Seiten. Kartoniert

„Yad Vashem – Die Judenretter aus Deutschland" heißt dieses schmale Bändchen, das ein wichtiges Buch ist. Es enthält Übersetzungen oder Rückübersetzungen der Dossiers, die in der Gedenkstätte in Jerusalem aufbewahrt werden – Dossiers, die Deutsche betreffen. Gerettete jüdische Menschen sprechen darin über jene Deutsche, die ihnen halfen. Die Texte sind nicht verändert, nicht stilistisch geschönt, man blieb bei der Originalfassung von Zeugenaussagen.

„Die nüchternen Texte sind dramatische Dokumente, die Hoffnung stiften gegen Mitläufertum und Zuschauerhaltung, indem sie von menschlichen Taten gegen menschliche Untaten erzählen." – so heißt es am Schluß eines im Buch veröffentlichten Grußworts, das unter anderen unterschrieben haben: Manès Sperber und Eugen Kogon, Bischof Kurt Scharf und Helmut Gollwitzer, Isaac Singer und Friedrich Dürrenmatt. Die Menschen, von denen in diesem Buch die Rede ist, kommen aus allen Gesellschaftsschichten. Gläubige Katholiken, Protestanten und Quäker sind ebenso unter ihnen wie überzeugte Sozialisten und Pazifisten. Gemeinsam war ihnen allen: ihr Gewissen hatte sich nicht einschläfern lassen durch eine menschenverachtende irrwitzige Rassenideologie. Sie schauten nicht weg, wenn ihre Nachbarn abgeholt wurden, sie sahen ihren geschundenen Nächsten und versuchten, zu helfen. Viele von ihnen wurden dafür gefoltert, getötet, zum „Volksfeind" erklärt.

Bayerischer Rundfunk

Ich halte dafür, daß einige der in diesem Buch wiedergegebenen Zeugnisse in die Lesebücher aller deutschen Schulen Eingang finden. Die Zeit

Es geht allein darum, neben den Greueltaten der Mörder jene kleinen Tapferkeiten von meist recht einfachen Menschen nicht zu vergessen, die den Nazis widerstanden haben.

Frankfurter Allgemeine Zeitung

* In Gemeinschaft mit dem Chr. Kaiser Verlag

MATTHIAS-GRÜNEWALD-VERLAG · MAINZ